AF247216

# LES RÉFORMES

## NÉCESSAIRES

PAR

## UN CATHOLIQUE

### RÉPUBLICAIN ET SOCIALISTE

PARIS

E. DENTU, ÉDITEUR

LIBRAIRIE DE LA SOCIÉTÉ DES GENS DE LETTRES

PALAIS-ROYAL, 15 17-19, GALERIE-D'ORLÉANS

# LES
# RÉFORMES
## NÉCESSAIRES

F. AUREAU. — IMPRIMERIE DE LAGNY.

# LES
# RÉFORMES

## NÉCESSAIRES

### PAR

## UN CATHOLIQUE

#### RÉPUBLICAIN ET SOCIALISTE

PARIS

**E. DENTU, ÉDITEUR**

LIBRAIRIE DE LA SOCIÉTÉ DES GENS DE LETTRES

PALAIS-ROYAL, 15, 17, 19, GALERIE D'ORLÉANS

—

1877

Tous droits réservés

# LES RÉFORMES NÉCESSAIRES

I

Avant de parler des réformes que réclame notre organisation sociale, je tiens à dire pourquoi je suis catholique républicain et socialiste.

Cette association de principes paraîtra probablement étrange, et cependant elle contient le salut de l'avenir.

Je suis catholique, parce que le catholicisme est la religion parfaite, enseignant à l'homme toutes les vérités morales et divines, qu'il a besoin de connaître, et lui fournissant les grâces et les moyens nécessaires pour arriver à la sainteté, terme le plus élevé de la personnalité humaine.

Je suis républicain, parce que la république est théoriquement la meilleure forme de gouvernement, celle qui s'adapte le mieux à la nature déchue et faillible de l'homme, auquel il faut toujours un frein et des conseils, celle qui réserve, à l'exemple du Christ, la première place au plus vertueux, au plus sage, au plus digne, au lieu de la réserver au plus haut placé dans la hiérarchie sociale, celle qui convient le mieux aux peuples éclairés et majeurs, voulant surveiller leurs intérêts, la plus économique, celle qui leur fournit le plus de contrôles sérieux, qui leur offre le plus de véritable solidité, et de véritable liberté, celle qui oblige les classes supérieures de la société à s'occuper des classes inférieures pour obtenir leurs suffrages, la plus favorable au progrès en toutes choses, la plus opposée à l'immobilité, aux ténèbres sociales, celle enfin qui contre-balance et retient le mieux les passions de ceux que les peuples ont choisis pour les gouverner, et qui développe le mieux leurs qualités et leurs vertus.

Je suis socialiste, parce que le vrai socialisme, comme je le démontrerai, trouve sa sanction dans l'Évangile, qu'il constitue un grand progrès humanitaire, et que son application aujourd'hui est d'une absolue nécessité, si l'on veut éviter de nouvelles épreuves, de nouveaux malheurs, de nouvelles hontes.

Le catholicisme, bien compris, est pour moi l'idéal de la religion ; la république bien organisée, l'idéal du gouvernement ; le vrai socialisme, l'idéal social.

L'idéal existe en tout, et chaque homme dans sa sphère d'action doit chercher à l'atteindre.

Dieu a mis en nous le sentiment de l'idéal, afin que nous recherchions le bien, la perfection en toutes choses, et que nous nous approchions de plus en plus de lui, souverain bien, perfection infinie, source de toute perfection.

J'ajouterai que le progrès étant le chemin de la perfection, l'on peut dire que le progrès est pour l'humanité une loi essentielle et divine.

Je sais que le catholicisme est considéré par bien des gens comme opposé aux progrès de l'humanité, à l'art, à la science, à tout ce qui honore et grandit l'homme. Grande et funeste erreur ! Le catholicisme, au contraire, favorise l'art, la science, tout ce qui peut élever, ennoblir l'âme humaine. Trop de voix éloquentes et autorisées l'ont démontré pour qu'il soit besoin de le démontrer de nouveau.

Je sais aussi que la république n'est pas toujours préférable à la monarchie, qu'elle ne convient pas à tous les peuples, qu'elle n'est pas toujours possible ; je sais qu'il y a de bonnes et mauvaises républiques, comme il y a de bonnes et mauvaises monarchies, et qu'une bonne monarchie vaut mieux qu'une mauvaise république ; je sais que la forme républicaine, qui convient à un peuple éclairé et majeur, ne convient pas à un peuple grossier, à un peuple enfant, mais ces questions de fait et d'opportunité ne changent rien à la question de principes. Elles ne font pas que la république ne soit point en elle-même la plus parfaite des formes de gouvernement.

Je sais enfin que le mot seul de socialisme épouvante, terrifie. Pourquoi ? Parce qu'il y a deux socialismes : le vrai et le faux socialisme, et que l'on ne connaît que le faux socialisme. Celui-ci conduirait la société dans l'abîme, et mérite l'exécration publique, mais le vrai socialisme sauverait la société menacée, si l'on voulait le mettre en pratique.

Que l'on ne s'imagine pas que je veuille lier par là le catholicisme au socialisme et à la république, comme plusieurs voudraient le lier à la monarchie et aux institutions caduques du passé. Non certes ! la république et le socialisme ne dépendent pas du domaine spirituel qui est l'apanage du catholicisme. Ils dépendent du domaine civil et politique. Le catholicisme est indépendant du gouvernement temporel des peuples ; il ne s'en occupe pas ; sa mission est plus haute ; il s'occupe de la gloire de Dieu, et de la sanctification des âmes. La forme des États change suivant l'âge, et le degré de civilisation des peuples. Le catholicisme ne change pas. Il est de tous les temps et pour tous les peuples. Aussi accepte-t-il tous les gouvernements, quelles que soient leur forme, leurs institutions, pourvu qu'ils n'attentent pas aux croyances religieuses de ses enfants.

Mais si le catholicisme (ne s'occupe pas du gouvernement

temporel des peuples, je ne crois pas trop m'avancer, en affirmant que Dieu s'en occupe ; que les rois et les peuples souverains relèvent de lui ; que son action sur les sociétés humaines est constante ; qu'il les dirige à travers les siècles, et qu'il poursuit son œuvre éternelle, malgré les résistances des hommes.

J'en conclus que dans l'ordre temporel ou autrement dit dans l'ordre civil et politique, il existe un courant divin, s'il est permis de s'exprimer ainsi, et que ce courant doit porter les peuples vers les principes que je préconise, si ces principes, comme je le crois, sont bons, sont vrais, et sont dans les vues de Dieu.

Pour découvrir ce courant divin, il n'y a qu'à voir ce qui s'est passé dans le monde depuis la venue du Christ jusqu'à nos jours.

C'est ce que je vais faire le plus brièvement possible.

S'il ressort de cet aperçu que depuis dix-huit cents ans les peuples chrétiens ont accompli d'immenses progrès, des progrès incontestables dans l'ordre civil et politique, comme en toutes choses, et que de réformes en réformes, d'améliorations en améliorations, de progrès en progrès ils sont arrivés graduellement à la démocratie qui les conduit logiquement, forcément à la république et au socialisme, il faudra bien reconnaître que la république et le socialisme constituent un nouveau progrès, qu'ils sont dans les vues de la Providence, et qu'au lieu de les combattre on devrait les accepter, les soutenir et les défendre.


II


L'humanité était déchue ; elle avait corrompu sa voie ; au lieu de s'élever vers Dieu, elle s'en allait à l'abîme. Dieu incarna son Verbe pour la régénérer.

Par le Christ elle fût régénérée moralement, intellectuel
lement, physiquement et matériellement.

Aussi depuis l'origine du christianisme a-t-elle toujour.
marché, et marche-t-elle encore dans la voie du progrès
Les chemins tortueux sont redressés, les vallons comblés
les monts abaissés. Elle remonte la pente descendue. Ell
retourne vers le bien, le vrai, le beau. Qu'importe qu'à d
certaines époques elle semble s'arrêter, ou même rétroga
der! Pour l'observateur attentif elle avance toujours. Il s
fait alors quelque grand travail de démolition et de rénova
tion. Le sol bouleversé par la tempête est débarrassé de
ronces et des épines qui le couvrent, mais les germes de vi
que le Christ y a semés ne périssent pas. Ils augmentent leu
force intime dans ces ténèbres passagères; bientôt ils fon
explosion, ils surgissent de toute part. L'humanité regagn
le temps perdu, et reprend sa marche ascendante vers l'infini

Voilà ce que dit l'histoire, ce que fut le passé, ce que ser
probablement l'avenir.

Quand le Christ parut le monde ancien se décomposai
La puissante Rome, couverte de fange et de sang, s'affaissai
sous le poids de ses crimes. Alors de tous côtés des nués d
barbares s'élancent comme des vautours. Ils s'abattent su
ce vieux monde qui meurt. Le cadavre est mis en morceaux
Le sol est couvert d'innombrables débris. Cette grand
démolition était nécessaire. Mais après, une nouvelle civili
sation commence. Peu à peu les ruines disparaissent. Le
farouches barbares s'adoucissent. Ils sont vaincus par le
ministres du Christ. Des flots de vie s'épandent sur le mon
de. L'humanité reprend sa marche ascendante. Les prodi
ges se multiplient. Un agent invisible guide les navigateur
au sein des mers. La pensée humaine, fixée mécaniquemen
sur le papier, est transportée jusqu'aux confins de l
terre. La lumière rayonne partout. L'homme marche
armé de la foudre, et tous les êtres, que Dieu mit dans c
monde, subissent son empire.

1.

Les siècles apportent de nouvelles et importantes découvertes. La physique, la chimie, l'astronomie font d'immenses progrès. Des sciences nouvelles sont créées. L'homme remonte à l'origine de la création. Il assiste en quelque sorte à la formation de l'univers. Les choses invisibles deviennent pour lui visibles. Il pénètre dans l'infini de la grandeur et dans l'infini de la petitesse. Il mesure les mondes de l'espace comme un arpenteur mesure un champ; il les pèse comme dans une balance; il détermine la distance qui les sépare de la planète qu'il habite. Il jalonne leur route dans les cieux. Le monde des atomes s'anime sous son regard, et lui montre des merveilles qu'il ne soupçonnait pas. Il décompose et recompose la matière; il en découvre les propriétés et les lois; il la métamorphose à son gré. Tout étend sa vue et sa puissance. Les entrailles de la terre sont mises à nu. Elles lui révèlent l'utilité des premières créations, dont les noirs ossements sont pour lui plus précieux que l'argent et l'or. Il dompte le feu du ciel et le force à respecter sa demeure. Des vaisseaux de flamme lui font traverser les océans malgré la tempête. Il dévore l'espace sur des chars de fer, frémissant sous sa main comme des coursiers. Il a des ailes pour voler dans les cieux. Le soleil reproduit les traits de son visage, les incruste sur le métal et les immortalise. L'éclair lui sert de messager. Tous les éléments sont vaincus La nature lui livre ses plus mystérieux secrets.

Les beaux arts reprennent leur vol vers le ciel. La musique et la peinture s'approchent de l'idéal. La sculpture, l'architecture animent l'inerte pierre et la font servir à la gloire de l'homme et à la gloire de Dieu. La littérature refleurit. La poésie enfante des chefs-d'œuvre qui illuminent, embrasent les âmes, et les emportent vers les éternelles splendeurs du monde divin. Des historiens, des philosophes, d'habiles et savants écrivains raniment le passé des peuples, étudient l'âme humaine, vulgarisent l'art, la science, et les monuments de leur génie grandissent l'humanité.

L'agriculture, le commerce et l'industrie ne restent pas en arrière. La terre produit plus du centuple de ce qu'elle produisait. De son sein sortent de nouvelles fleurs, et de nouveaux fruits d'une resplendissante beauté. Les lieux les plus stériles reçoivent la fécondité et la vie. Toutes les productions du sol terrestre, les animaux eux-mêmes sont transportés d'un bout du monde à l'autre. Les famines sont conjurées. La richesse, le bien-être publics s'accroissent par l'échange des produits naturels et des produits fabriqués. Les outils, les ustensiles, tous les objets utiles à l'homme se perfectionnent. Les vêtements, qui le couvrent, sont moins grossiers, sa couche moins dure, ses abris plus sains et plus commodes. Il est mieux défendu contre les feux de l'été, et les glaces de l'hiver. Des milliers de machines, plus admirables les unes que les autres, diminuent ses labeurs et centuplent sa puissance. Sans elles il n'aurait pu utiliser les grandes découvertes, que Dieu lui a permis de faire, accomplir les prodiges dont j'ai déjà parlé. Ces machines ont reçu de lui le souffle de vie; elles lui obéissent comme des serviteurs. Par elles il fait des œuvres innombrables, des œuvres splendides, étonnantes, merveilleuses; par elles il exécute des travaux gigantesques, qui embellissent et améliorent sa demeure terrestre.

Dans l'ordre religieux et moral les progrès ne sont pas moins grands. Les idoles sont renversées. Le polythéisme est anéanti. L'homme adore le Dieu unique, éternel, infini, le Dieu saint, le Dieu parfait, le Dieu sauveur. Il reconnaît que son âme est immortelle, et qu'il recevra dans une autre vie la récompense de ses vertus, ou le châtiment de ses crimes. L'unité de la race humaine est proclamée : tous les hommes sortent du même père, tous sont égaux devant Dieu. On n'élève plus d'autels aux rois, ni aux empereurs, ni aux conquérants, ni même aux hommes de génie; on ne glorifie que les Saints. Qu'ils sortent de la dernière classe du peuple, ou d'une race princière, ils reçoivent les mêmes honneurs, ils sont entourés de la même gloire. La grandeur de leur vertu est la seule distinction existant entre eux. L'esprit de sacrifice, de charité, d'amour fraternel prend un immense essor. L'Église, dotée par les rois et par les puissants, répand ses trésors sur les pauvres, et pose ainsi les premières assises du socialisme. Il se forme de grandes associations, dans lesquelles le rang et les fortunes sont confondus, et dont le but est la gloire de Dieu, l'assistance et la régénération de l'homme. Les pauvres sont secourus et honorés, les vieillards et les infirmes sont soignés, les orphelins reccueillis, les ignorants instruits, les coupables réhabilités, les esclaves respectés, les sauvages soumis, éclairés et transformés.

Toutes les souffrances de l'homme sont amoindries; des remèdes spirituels calment son cœur agité, ses passions frémissantes, fortifient sa volonté, chassent les ombres de son esprit et lui donnent le pouvoir d'accomplir sans mortelle défaillance les devoirs plus grands que le Christ lui a imposés; ses douleurs physiques sont combattues par mille agents nouveaux, mille moyens curatifs, dont le nombre augmente chaque jour; ses maladies réputées incurables sont guéries; il se fait presque des miracles. Le mal en tout est combattu victorieusement. Le bien, le beau, le vrai reparaissent. Sur le front de l'homme se répand comme un reflet de sa première grandeur et de sa première félicité.

Au sein de ce progrès général le champ civil et politique serait-il resté stérile, inerte? Oh! non! De grandes, d'immenses choses sont faites, d'immenses résultats sont obtenus. L'esclavage et le servage sont abolis. Les mœurs s'adoucissent. Les peuples et les rois deviennent moins grossiers, moins cruels. L'honneur et la vie des accusés ne sont plus livrés aux hasards du duel judiciaire. La justice fonde ses arrêts sur des preuves réelles et sérieuses. Les faibles et les petits sont protégés par les chartes communales. Le travail est organisé et soutenu par l'établissement des corporations, véritables créations socialistes. Les exactions des grands sont réprimées. Les priviléges de castes sont détruits. La torture, les supplices disparaissent. La liberté individuelle est garantie, l'égalité devant la loi est proclamée; les finances de l'Etat ne sont plus dilapidées; le produit des impôts ne sert plus à payer les folies des princes et la bassesse des courtisans; des contrôles sérieux sont établis. Les rouages de l'administration sont perfectionnés. La vénalité des charges est proscrite. La justice est rendue régulièrement. La législation est simplifiée. Tous les citoyens, à quelque classe qu'ils appartiennent, sont admissibles à tous les emplois. Des assemblées, nommées par les peuples, sont annuellement et régulièrement convoquées. Elles puisent leurs droits en Dieu et en elles-mêmes. Elles font les lois et mettent un frein salutaire au pouvoir des souverains, ou des chefs d'État. A la forme aristocratique, à la forme monarchique plus ou moins absolue succède la forme monarchique limitée, la forme monarchique constitutionnelle *ou* représentative; à cette dernière enfin succède la forme démocratique, républicaine et socialiste, qui n'est en réalité que le perfectionnement des formes précédentes, leur épanouissement, leur suprême floraison, le véritable couronnement de l'édifice social.

La régénération, le progrès, le perfectionnement en tout : voilà l'action du Christ! voilà l'action de Dieu.

Ah! tout n'est point fait encore! avant de sortir de l'abîme, où il est tombé, avant de retrouver sa grandeur primitive, l'homme a bien du chemin à faire. Où s'arrêtera-t-il? Je l'ignore. C'est le secret de Dieu. Mais ce que je n'ignore point, c'est qu'en s'élevant, en progressant toujours, en se perfectionnant en tout, il se rapproche de l'être infini, qui renferme en lui-même toutes les perfections.

## III

Que ressort-il du coup d'œil que nous venons de jeter sur le passé de l'humanité?

Il en ressort que depuis la venue du Christ, toutes les nations chrétiennes ont fait d'immenses, d'incontestables progrès dans l'ordre civil et politique comme en toutes choses et que de réformes en réformes, d'améliorations en améliorations, de progrès en progrès elles ont marché, plus ou moins vite, plus ou moins lentement, vers la démocratie, qui a pour conséquence logique, inévitable, comme je l'ai dit, la république et le socialisme.

D'où j'ai le droit de conclure que la république et le socialisme ont un caractère providentiel, que le courant qui y conduit les peuples est, dans l'ordre civil et politique, le courant divin, et que ce courant confirme les principes que j'ai posés.

La connaissance de cette vérité nous indique ce que nous avons à faire. Il ne suffit pas d'être arrivé à la démocratie, d'avoir établi la république en principe, il faut que nous tâchions de bien organiser la république, et d'y mettre en pratique le vrai socialisme, afin de réaliser, s'il est possible, l'idéal du gouvernement et l'idéal social.

Le vrai socialisme n'a rien d'effrayant. Il ne veut pas renverser l'édifice social; il ne veut que le rectifier, le compléter, le perfectionner.

Le vrai socialisme est contenu tout entier dans les principes de sacrifice, de charité, d'amour fraternel, dans les principes de vie que le Christ est venu donner au monde.

Il ne demande qu'une chose, c'est que ces principes soient appliqués, non-seulement par les individus dans leur conduite privée, mais encore par les gouvernements dans la conduite des peuples.

Pour mettre en pratique le vrai socialisme, il faut donc que ces grands principes prennent place dans la constitution de l'Etat, dans le mécanisme du gouvernement, dans les lois qui régissent la société.

La France, malgré ses revers, ses fautes, ses erreurs, est prédestinée par son génie, à marcher toujours à la tête des nations. Je crois que sa mission actuelle, la nouvelle et grande mission, que Dieu lui destine, est de réaliser la première le socialisme, le vrai socialisme, le seul socialisme possible que je nommerai le socialisme chrétien.

Que l'on ne dise pas que je pousse à la violation de la constitution existante, non! certes! car je respecte cette constitution, et je la respecterai, tant qu'elle ne sera pas légalement changée.

Si je parle de changements à y faire, c'est qu'elle peut être revisée avec l'assentiment des grands pouvoirs de l'État.

Qui ne voit que l'athéisme et le matérialisme marchent à grands pas. Ils envahissent les classes populaires, et mettent en péril la société. Le triomphe de ces doctrines criminelles et néfastes doit avoir une cause profonde. Cette cause, la voici : c'est que dans l'ordre civil et politique les enfants du Christ ont abandonné aux matérialistes et aux athées les armes immortelles, que le Christ leur avait données. Ces armes sont le progrès et la lumière. Avec ces armes, qu'ils manient habilement, les matérialistes et les athées subjuguent et entraînent à leur suite le peuple égaré et séduit. Et que font les enfants du Christ pour les combattre? Ils exhument du passé des âges des armes, au fer émoussé, dont leurs ennemis se moquent avec raison, parce qu'ils comprennent que par elles ils ne seront jamais vaincus. Et c'est ainsi que le mal fait son chemin.

L'erreur des enfants du Christ, en général, est malheureusement, de croire que tout progrès dans l'ordre civil et politique doit être repoussé, parce que le peuple abuse souvent des droits qu'on lui concède, du bien-être qu'on lui procure. Rien n'est plus faux! Un raisonnement pareil conduirait logiquement à proscrire une foule d'excellentes choses, parce qu'une foule d'hommes en abusent étrangement, — ce qui serait absurde. Dieu accorde à tous les hommes, aux pauvres comme aux riches, les grâces et les moyens nécessaires pour être vertueux, et pour remplir tous leurs devoirs. Qu'ils portent donc devant lui la responsabilité de leurs actes! Le devoir des disciples du Christ n'est pas de repousser les avantages, qui peuvent être faits au peuple; leur devoir est de lui apprendre à en user sagement. Ces avantages étant en eux-mêmes un bien, ils n'ont pas le droit d'en priver le peuple, sous prétexte de lui être utile, et de le mettre dans l'impossibilité d'en abuser.

Mais ce n'est pas la seule erreur des disciples du Christ. Plusieurs d'entre eux pensent que les peuples primitifs, ignorants et grossiers valent mieux que les peuples civilisés, parce qu'ayant moins de besoins, moins de tentations, ils sont moins sujets à faillir, et que leur sort par ce motif est préférable à celui des peuples civilisés. Partant de ce principe, ils voudraient arrêter la marche de l'humanité, la faire revenir sur ses pas, ressusciter un passé, qui ne peut plus être. Rêve fatal, qui est cause que le peuple s'éloigne d'eux de plus en plus. Mais c'est presque un blasphème! N'est-ce pas méconnaître les dons de Dieu? L'homme civilisé n'a-t-il pas reçu de Dieu d'immenses bienfaits, dont est privé l'homme primitif, l'homme simple et grossier! On ne peut nier qu'il dépende de l'homme civilisé d'être aussi vertueux que l'homme primitif? Qu'il soit aussi vertueux que l'homme primitif, et non-seulement il sera plus grand que lui moralement, mais encore il sera plus heureux. Endurera-t-il les souffrances que l'homme primitif est obligé de supporter? n'aura-t-il pas mille jouissances, dont l'homme primitif n'a pas même l'idée?

En se privant de quelques-unes de ces jouissances pour exercer sa volonté, pour se spiritualiser, pour être utile à ses frères moralement, ou matériellement, n'aura-t-il pas une vertu plus élevée, plus personnelle, plus volontaire encore que celle de l'homme primitif, qui est forcé de subir les privations et les maux qu'il endure ? Non! non! on ne peut soutenir le contraire. Dans l'homme civilisé la personnalité humaine grandit, et se rapproche de Dieu.

Pour conjurer le terrible orage qui monte à l'horizon, il faut que les chrétiens se débarrassent de ces vieilles idées, qu'ils reprennent leurs armes divines, les armes que le Christ leur avait données, et qu'avec elles ils combattent résolûment et sans crainte les athées et les matérialistes, ces grand ennemis du Christ et de la société.

Ah! ils ne se doutent pas ces hommes impies qu'en poussant l'humanité en avant, ils servent la cause du Christ et la cause de Dieu. Bientôt, quoi qu'il arrive, ils disparaîtront avec leurs monstrueuses doctrines, mais les progrès accomplis subsisteront.

J'indiquerai maintenant avec quelques détails les principaux changements qu'il y aurait à faire subir, selon moi, à l'édifice social, pour que la république fût bien organisée et que le socialisme devînt une réalité. Je soumets ces changements, ces réformes au jugement de tous les hommes de bonne volonté, quelles que soient leurs croyances religieuses, car ces réformes sont indépendantes de la religion, bien que les préceptes du Christ leur servent de sanction et d'appui. C'est en présence du Dieu éternel, du Dieu infini, du Dieu de tous les hommes que j'écris cette brochure. En l'écrivant ma main ne tremble pas; je n'éprouve aucun trouble, aucune hésitation de conscience. Je défends la république et le socialisme, mais qu'on ne s'y trompe pas! je ne suis pas un révolutionnaire! je n'appartiens à aucun parti constitué. Je considère tous les hommes et surtout tous les Français comme mes frères, qu'ils soient riches ou pauvres, savants ou ignorants, et quelle que soit leur foi politique et religieuse. Ce que je désire, et ce que je désire ardemment, c'est de voir la paix, la concorde, la bonne harmonie rétablie entre toutes les classes de citoyens; c'est de contribuer en quelque chose à la marche ascendante et providentielle de l'humanité.

IV

Je parlerai d'abord des impôts, qui jouent un si grand rôle dans l'État, et qui sont aujourd'hui mal établis, et mal répartis. Il y aurait de ce côté de grands changements à faire. Il faudrait que la plupart des impôts existants fussent remplacés par un impôt unique, basé sur le |revenu vrai de chaque citoyen et que cet impôt fût sagement progressif. Cette transformation devrait exister non-seulement pour les impôts perçus par l'État, mais encore pour ceux, qui sont perçus par les communes.

Les droits de succession et de mutation, les droits d'enregistrement et d'hypothèque, les droits d'octroi et tous droits analogues devraient être abolis. Il ne devrait plus y avoir de contributions foncières, de cotes mobilières ni de patentes. Tous ces impôts ruinent la propriété, épuisent l'agriculture, nuisent au commerce, à l'industrie, paralysent l'association.

Il ne faudrait conserver que les droits payés par les marchandises et les produits étrangers à leur entrée en France, parce que ces droits protégent notre industrie, notre agriculture, qu'il sont avantageux pour la communauté, tout en procurant à l'État une source importante de revenus. Ces droits toutefois devraient être établis avec une grande prudence. Ils ne devraient jamais aller au delà d'une stricte et juste protection. Autrement ils nuiraient au progrès dans l'ordre économique.

Tous les monopoles que les communes et l'État se constituent à eux mêmes, ou qu'ils aliènent à prix d'argent, devraient être abolis, aussitôt que faire se pourrait, à moins que de l'aveu général ils ne fussent utiles à la communauté. Le monopole est généralement nuisible. Il est onéreux au public, il tue le progrès et en principe il doit être proscrit.

Parmi les monopoles à conserver il faudrait mettre en première ligne ceux des tabacs, des poudres, des postes et des télégraphes.

Le tabac n'est point un objet de première nécessité, puisque sans parler des femmes et des enfants, bien des hommes n'en usent pas. Il produit à l'État des sommes considérables. Enfin il est reconnu que dans les pays, où le monopole de l'État n'existe point, le tabac est souvent falsifié, et coûte plus cher au consommateur qu'en France où ce monopole existe.

Les poudres sont un produit trop dangereux pour que la fabrication en soit abandonnée à l'industrie privée, et que l'usage en soit libre. L'intérêt, la sécurité des citoyens s'y opposent. Il est nécessaire que l'État en augmente, ou diminue la fabrication suivant les circonstances, qu'il en réglemente la vente, et qu'il l'arrête même à de certains moments.

Chacun comprend que le service des postes et celui des télégraphes sont trop importants, présentent trop de difficultés, demandent trop de garanties pour qu'ils puissent être enlevés à l'État. Je dirai seulement que les tarifs des lettres et des dépêches devraient être abaissés.

Il ne faudrait pas que l'État se fît banquier comme le voudraient certains socialistes, car son crédit pourrait être ébranlé aux jours de crises, quand il serait le plus nécessaire de l'avoir intact. Mais l'État pourrait devenir assureur d'immeubles, aux mêmes taux et conditions que les compagnies d'assurances, existant actuellement. Ces compagnies dès lors n'auraient pas le droit de se plaindre ni de rien réclamer. Les payeurs généraux pourraient être chargés de ce service sans frais pour l'État, qui acquerrait ainsi, au grand avantage de tous, une nouvelle et importante source de revenus.

L'obligation de se servir de papier timbré pour tous les actes authentiques devrait être abolie. Cette obligation dans bien des cas est non-seulement gênante, mais même préjudiciable. Elle est toujours onéreuse pour le pauvre. Les actes émanant du gouvernement, ou de ses agents, devraient seuls porter le timbre de l'État.

L'enregistrement des actes devrait être facultatif. Le coût de cet enregistrement devrait être calculé sur les frais en résultant pour l'État. Il devrait dépendre par conséquent de la longueur de ces actes et non de leur contenu. La même règle devrait servir pour établir le coût de toutes les pièces officielles que l'on peut demander aux communes, ou à l'État.

Avec l'impôt unique dont j'ai parlé, impôt basé sur le revenu de chaque citoyen et sagement progressif, l'on pourrait réaliser ces grandes réformes. Cet impôt, quoi qu'on en puisse dire, ne gênerait personne. Il développerait les forces de la nation, il augmenterait la richesse publique.

La progressivité de l'impôt me paraît équitable et rationnelle par deux motifs :

1° Parce que le pauvre, l'ouvrier, l'homme peu fortuné profitent bien moins que l'homme riche des avantages que le gouvernement procure à la communauté.

2° Parce que la proportionnalite de l'impôt n'est qu'apparente. Qui pourrait soutenir qu'un impôt de cent francs pour un homme qui possède un revenu de mille francs ne soit pas plus fort qu'un impôt de dix mille francs pour celui qui jouit d'un revenu de cent mille francs.

Mais ce n'est pas seulement au point de vue de la raison et de l'équité que je soutiens la progressivité de l'impôt, une progressivité sage, modérée, prudente, car autrement elle ferait autant de mal qu'elle pourrait faire de bien, je la soutiens encore au point de vue chrétien.

Le Christ a dit à ceux qui possèdent, de donner une large part de leur revenu à ceux qui ne possèdent pas. Il a trouvé sans nul doute que cette donation était bonne, utile, et féconde. Il a établi le principe de la charité, et de la charité la plus large. Il faut s'inspirer de ce grand principe, et l'appliquer le plus possible. Comme on peut l'appliquer dans la répartition de l'impôt il faut le faire. Rien n'est plus facile. Il n'y a qu'à répartir l'impôt de telle façon qu'il pèse davantage sur le riche que sur le pauvre. La progressivité de l'impôt, considérée sous cet aspect, n'est qu'une des applications de la charité chrétienne. Il me semble donc que les chrétiens, qui ont le bonheur d'être riches, bien loin de la combattre, devraient la soutenir, parce qu'elle est conforme à l'esprit de l'Évangile, et qu'elle donnerait au christianisme une nouvelle force dans le monde.

Je ne me dissimule pas que la perception d'un impôt sur le revenu, tel que je voudrais le voir établi, présente des difficultés à la première vue, mais en réfléchissant l'on reconnaît que ces difficultés peuvent être facilement surmontées.

Le soldat, qui commet le plus petit manquement à la discipline, est puni avec une impitoyable rigueur. Pourquoi? Parce qu'il n'existe pas d'armée sans discipline, et qu'un pays sans armée ne peut avoir ni force, ni grandeur, ni indépendance.

De même un pays ne peut exister sans gouvernement, et un gouvernement ne peut exister sans impôt. Celui qui ne veut point payer l'impôt, lorsqu'il est équitablement réparti entre les citoyens, commet un crime. C'est un mauvais citoyen, qui n'aime pas sa patrie, qui la sacrifie à son avarice, qui la trahit honteusement. Plus encore que le soldat il mérite d'être puni avec une impitoyable rigueur.

Dans l'ancienne Rome, si je ne me trompe, un recensement de la fortune de chaque citoyen fut fait avec exactitude. Pour y arriver l'on décréta que tous ceux qui feraient une fausse déclaration, seraient punis du dernier supplice. Chacun s'empressa d'exécuter ponctuellement la loi.

Grâce à Dieu nous ne sommes plus au temps du paganisme, et nous n'appliquons pas aussi facilement la peine de mort. De nos jours pour obtenir le même résultat, il suffirait de décréter que ceux qui feraient une fausse déclaration, seraient punis de l'emprisonnement et de la confiscation d'une portion notable de leurs biens.

Quels sont les citoyens, qui voudraient courir la chance d'être emprisonnés, de voir leur fortune, celle de leurs enfants compromise, pour éluder une loi équitable et juste? S'il y en avait, ils seraient en bien petit nombre.

Les difficultés de perception de l'impôt sur le revenu ne sont donc qu'apparentes, et comme je l'ai dit elles peuvent être facilement résolues.

Puisse cette grande réforme de notre système d'impôts être bientôt accomplie !

<h2 style="text-align:center">V</h2>

Il y aurait aussi bien des changements à faire dans l'ordre judiciaire.

Il faudrait que la justice fût véritablement gratuite : elle ne l'est pas. Sans parler encore des frais de précédure, qui sont exorbitants et forcés, j'oserai dire que la levée des jugements et desarrêts occasionnent des frais qui ne devraient pas exister. Ces frais ne sont rien pour l'homme riche, mais ils ne sont pas sans importance pour l'ouvrier, pour l'homme peu fortuné. Une expédition des jugements et des arrêts devrait être délivrée gratis à chacune des parties intéressées. Si d'autres expéditions étaient demandées elles seraient payées par ceux qui les demanderaient.

Les magistrats sont en quelque sorte les mandataires de Dieu. La justice doit conserver tout son prestige, toute sa sainte majesté. Il faut donc éviter ou retrancher tout ce qui peut l'amoindrir, de près, ou de loin, aux yeux du peuple.

La justice ne peut être respectable que si elle est indépendante. Le juge ne doit avoir pour maître que la loi, sa concience et Dieu. Il ne doit jamais être aux ordres du souverain, que ce souverain se nomme roi, ou qu'il se nomme peuple. C'est dire que l'inamovibilité des juges devrait-être précieusement conservée.

Il faudrait reviser et modifier nos codes. Ils ont plus d'un défaut ; ils présentent plus d'une lacune. J'en fournirai quelques exemples.

Est-il moral que le sort de la femme mariée, de la mère de famille ne soit pas assuré, dans le cas où l'époux meurt intestat ? Ne devrait-elle pas avoir une position en rapport de la fortune de l'époux ? Est-ce que le sort de l'épouse, de la mère de famille, qui n'a point de fortune personnelle, devrait dépendre du bon vouloir de ses enfants, ou de celui de la famille de son époux ? N'y a-t-il point là une lacune, qui porte atteinte à la dignité de la femme, de l'épouse, et de la mère ? La même lacune existe du reste pour l'époux, dont la femme meurt sans faire de testament. Si celle-ci était riche, et qu'il soit sans fortune, ne sera-t-il pas à la merci de ses enfants, ou de la famille de sa femme ? une pareille législation est contraire à l'union intime de l'homme et de la femme dans le mariage, contraire au rôle du père et de la mère, contraire à l'esprit de famille (1).

L'honneur des jeunes filles est-il suffisamment protégé par les lois ; leurs séducteurs sont-ils punis comme ils mériteraient de l'être ? Chaque jour de crédules jeunes filles sont suivies, poursuivies, avec une persistance sans pareille, par des libertins, qui leur promettent monts et merveilles, et qui les abandonnent lorsqu'elles deviennent mères, qu'ils les ont déshonorées. Tout homme, non marié, qui séduit une jeune fille, âgée de moins de vingt-cinq ans, et qui refuse de l'épouser, devrait être condamné : 1º à un emprisonnement d'une année au moins ; 2º à faire à cette jeune fille une pension alimentaire, en rapport de ce qu'il peut gagner, ou pos-

(1) Lorsque cette brochure a été écrite, la loi votée récemment par le Corps législatif n'existait pas.

séder. Quant à l'homme marié, qui se rend coupable du même délit, il devrait être condamné à un emprisonnement de deux années au moins, sans pension alimentaire pour la jeune fille séduite, car il serait injuste et immoral que l'épouse outragée, et les enfants légitimes eussent à souffrir de l'inconduite du père de famille.

Que deviennent la plupart des filles trompées? Elles deviennent des femmes galantes, et recrutent le personnel des maisons de prostitution. Il ne faut pas laisser la porte ouverte à la corruption publique, car le relâchement des mœurs est une cause d'asservissement pour les peuples.

Est-il utile, est-il équitable que le débiteur, dont les immeubles, grevés de plusieurs hypothèques, sont saisis par un créancier, ne soit pas exonéré des effets de cette saisie, lorsqu'il a désintéressé ce créancier? Que du jour où cette saisie a été dénoncée à ses créanciers hypothécaires, tous aient acquis le droit de lui demander le remboursement de leurs créances, bien que leurs hypothèques ne soient point échues, et que les intérêts des sommes prêtées leur aient été exactement payés? enfin que s'il n'obtempère pas aux sommations de remboursement qui peuvent lui être signifiées, il soit brutalement exproprié?

Que résulte-t-il d'un pareil article de loi? Il en résulte que le débiteur, qui se trouve dans ces conditions, peut-être ruiné par ses créanciers, même par un seul d'entre eux, si celui-ci use de son droit, soit qu'il lui plaise de rentrer dans son argent, soit qu'il veuille faire une bonne opération en achetant à vil prix aux enchères publiques les immeubles de son débiteur, soit encore par tout autre motif.

Lorsqu'un homme emprunte sur ses immeubles, il a évidemment besoin d'argent; autrement il n'emprunterait pas. Il calcule à quelles époques il pourra rembourser les sommes prêtées, et il fixe l'échéance des hypothèques consenties. S'il est forcé de rembourser ces hypothèques avant le terme convenu, cent fois sur une il ne pourra le faire, et sera sous le coup de l'expropriation. L'hypothèque ne doit pas être une cause de ruine pour l'emprunteur ; avec la législation actuelle elle peut le devenir. Est-ce qu'une pareille législaion ne devrait pas être changée ?

Est-il juste, est-il rationnel que le commerçant honnête, forcé de suspendre ses payements, soit flétri par la faillite, qu'il perde ses droits civils, et soit mis dans l'impossibilité de se relever ; que les frais, qu'occasionne la faillite, dévorent les débris de son avoir, et que ses créanciers soient ainsi privés de ce qui devait leur revenir ? Est-ce que les tribunaux de commerce ne devraient pas avoir le droit de refuser aux créanciers de mauvaise humeur la mise en faillite d'un commerçant, lorsqu'ils reconnaîtraient que celui-ci a été honnête, et qu'il n'a été que malheureux ?

Notre législation sur les faillites est mauvaise. Elle ne sauvegarde pas grand'chose, et elle cause beaucoup de mal. Que de familles ont été jetées par elle dans la misère ! Sans elle que de sommes perdues auraient été retrouvées et remboursées ! Si le commerçant, qui suspend ses payements, est coupable qu'on le frappe sans pitié, mais s'il ne l'est point, qu'on ne le vilipende pas ! N'imitons pas l'ostracisme païen, ne condamnons pas un homme à mort parce qu'il est malheureux ! Tendons lui la main au contraire, relevons son courage, faisons tout notre possible pour qu'il soit plus heureux dans l'avenir, et qu'il répare le mal involontaire qu'il a causé !

Enfin l'institution du jury, quelque bonne qu'elle soit, ne réclame-t-elle pas quelque modification. Le jury donne à l'accusé toutes les garanties que la société lui doit. Il absout quelquefois des coupables ; il ne condamne point d'innocents. Il offre donc de grands avantages, mais il présente un inconvénient sérieux. Il nuit à l'uniformité des décisions de la justice. Chaque jour des hommes ayant commis les mêmes crimes, dans des circonstances identiques, sont punis d'une façon différente. Il arrive même que des criminels, ne méritant aucune pitié, sont punis moins sévèrement que ceux qui mériteraient quelque indulgence. Il ne devrait pas en être ainsi : La justice ne doit pas avoir deux poids et deux mesures. Les regrettables et injustes différences de pénalités blessent profondément la conscience publique.

Il serait facile, à mon sens, de remédier à ce grave inconvénient. Il suffirait de décider que le droit d'admettre des circonstances atténuantes appartiendrait à la cour, au lieu d'appartenir au jury. Le jury se renouvelle continuellement. A chaque session des assises de nouveaux jurés sont nommés, et ces jurés sont sans lien aucun avec leurs prédécesseurs. Les magistrats, composant une cour, sont toujours les mêmes, ou si quelques-uns d'entre eux sont changés, ils sont remplacés par d'autres magistrats, faisant cause commune avec eux. Les décisions du jury pour l'admission des circonstances atténuantes ne peuvent être que disparates ; celles de la cour ne pourraient être qu'uniformes, car il est inadmissible que des magistrats voulussent déconsidérer la justice, et se déconsidérer eux-mêmes par des décisions contradictoires.

L'on me dira peut-être qu'on opérant ce changement dans notre législation, il faudrait abolir la peine de mort parce que, si on ne l'abolissait pas, le jury acquitterait une foule de coupables. Je ne partage pas cette crainte par la raison bien simple que la responsabilité des condamnations à mort, au lieu de peser comme à présent sur le jury, pèserait en entier sur la cour, et que le jury dès lors n'aurait plus à s'en préoccuper.

La peine de mort devrait être maintenue, car celui qui frappe de l'épée, doit être frappé par l'épée. L'abolition de la peine de mort ne serait un bien ni pour le criminel, ni pour la société. La plupart des assassins, des grands criminels sont nés avec des instincts pervers. Ils auraient pu résister à ces instincts, ne point commettre de crimes, car l'homme est libre, maître de ses actes, mais pour cela il eût fallu qu'ils ne se séparassent point de Dieu, et qu'ils se servissent des moyens que Dieu a donnés à l'homme pour se vaincre. C'est ce qu'ils n'ont point fait, et ils ont été entraînés par leur nature. Quand ils sont condamnés à mort, presque tous, à l'approche du jour de l'exécution, se repentent, reviennent à Dieu, perdent leurs mauvais instincts, et deviennent des hommes nouveaux. En mourant dans cet état moral, ils meurent en hommes, et Dieu fera le reste. Si au lieu de les frapper du glaive, on les enferme dans une prison, ou dans un bagne, dans un pénitencier quelconque, que se passe-t-il? Presque tous restent ce qu'ils étaient, leur mauvaise nature, que le vice et le crime ont rendue encore plus mauvaise, ne s'améliore pas, leur cœur ne se rapproche pas sincèrement de Dieu, et s'ils parviennent à s'échapper, ils commettent de nouveaux crimes. Qu'ont-ils gagné à cet emprisonnement? Il eût mieux valu pour eux et pour la société que le fer tranchât leur tête.

Ceux-là même, qui se sont amendés, qui sont devenus des hommes nouveaux, ne portent-ils pas sur le front une tache ineffaçable! ah! que ne souffrent-ils pas? Leur résignation, leur courage n'empêchent pas qu'ils ne soient chaque jour torturés; leurs victimes passent sans cesse devant leurs yeux; ils sont dévorés par leurs remords. Pour dompter leurs mauvais instincts, que de terribles combats intérieurs n'ont-ils pas à soutenir! sont-ils mariés, ont-ils de enfants? leur femme et leurs enfants ne sont plus pour eux ce qu'ils étaient autrefois. Et comment en serait-il autrement puisqu'ils les ont déshonorés, qu'ils ont brisé leur vie? Ne sont-ils pas mariés, sont-ils seuls! que leur isolement est sombre! s'ils veulent se marier, trouveront-ils une femme qui consente à s'unir à eux, et s'ils la trouvent, ne pleureront-ils pas à la pensée que leurs enfants porteront sur leurs fronts innocents la tache ineffaçable, qui souille leur propre front? s'ils passent leur vie sur une terre lointaine, peuplée d'êtres dégradés, dont le contact leur est odieux, pourront-ils avoir le moindre bonheur? s'ils sont graciés, s'il reviennent dans leur patrie, qui accourra pour leur tendre la main! Leurs

anciens amis, leurs proches fuiront à leur aspect. Ils ne seront entourés que par la honte et par la misère. Ah! ne re-
gretteront-ils pas de n'avoir point payé leur dette entière à
la justice !

En leur conservant la vie, on a grandi et prolongé leur
supplice. Pour eux mieux valait paraître de suite devant
la juge éternel, leur créateur et leur père, qui sonde le cœur
de tous les hommes, pèse toutes choses, donne à chacun
ce qu'il mérite, et ne refuse pas le salaire à l'ouvrier de la
dernière heure.

Le cadre de cette brochure forcément restreint, ne me
permet pas de multiplier les exemples pour appuyer la révi-
sion de nos codes.

Je le puis d'autant moins que j'ai maintenant à parler de
notre code de procédure qui aurait besoin d'être entièrement
remanié. Que de formalités inutiles, ou trop payées! Ces
formalités pèsent lourdement sur tous les citoyens, et ne
profitent qu'aux hommes de loi. Il est presque impossible
à l'homme peu fortuné de défendre son droit contre l'homme
riche. Lorsque toutes les juridictions auront été épuisées,
il ne lui restera rien ; les frais auront dévoré tout son avoir.
Les licitations, les expropriations sont ruineuses par les
frais qu'elles entraînent. Ces frais absorbent les trois quarts
de la valeur des petits patrimoines. Dans notre société démocratique, le morcellement de la propriété ne peut être
évité, mais ce que l'on pourrait empêcher, c'est que le prix
de la propriété, au lieu de revenir aux familles qui la possèdent, ne passât dans les mains des hommes de loi. Il faudrait ici frapper de la hache, et frapper le plus prompte-
ment possible, car le mal est grand.

Mais avant toute chose, et sans aucun retard, il faudrait
abolir la perception, monstrueuse, funeste accordée
à l'avoué sur le produit des expropriations qu'il poursuit. Le soldat qui frappe et qui tue son ennemi, ne doit pas
s'enrichir de ses dépouilles. Qu'il fasse la guerre, rien de
mieux, mais qu'il ne dépouille pas les morts! Cette perception

est une immense prime donnée à la discorde et à la cupidité.
Que de haines entretenues, que de colères avivées, que de
sages arragements repoussés pour ne point perdre cet odieux
bénéfice! Que d'honnêtes famille jetées dans le désespoir,
que de pauvres enfants sacrifiés!

Le Christ ne veut point tout cela. Il aime, il protége les
faibles, les petits, tous ceux qui ne sont point heureux. Il
n'exploite personne. Il rend la justice au pauvre comme au
riche, sans qu'il leur en coûte rien. Autant que possible il
faudrait l'imiter.

Réformons ce qu'il y a d'inutile, d'onéreux, de vicieux
dans l'organisation de la justice. Pour qu'un arbre conserve
sa vigueur, sa splendeur, pour qu'il porte toujours de bons
fruits, il faut le tailler, couper les branches mortes, retrancher
les rameaux inutiles, le débarrasser des insectes nuisibles,
dont il pourrait avoir à souffrir.

## VI

Il faudrait réformer notre système et nos procédés administratifs, qui sont loin d'être irréprochables. Deux grands
faits me serviront à le démontrer.

L'État prend à son service un grand nombre de citoyens.
Il a une foule d'employés, une foule de serviteurs dans toutes
les branches de l'administration. La plupart d'entre eux sont
si mal retribués qu'ils ne peuvent suffire à leurs dépenses,
malgré les privations qu'ils s'imposent. Il est vrai de dire
qu'en général ils travaillent peu. Ne vaudrait-il pas mieux
qu'ils travaillassent davantage, et qu'ils fussent plus conve-
nablement rétribués? Tous ceux, qui parmi eux ont quelque
valeur, le désirent ardemment. L'État et le public s'en trouveraient bien. Au lieu d'avoir des employés nonchalants, mé-
thodiques à l'excès, ne faisant tout juste que ce qu'ils sont forcés de faire, peu dévoués, et souvent hostiles, l'État aurait
des employés laborieux, actifs, ne se ménageant pas, et sin-

cèrement dévoués. La bonne et prompte expédition des affaires en serait la conséquense. La lenteur proverbiale de l'administration serait remplacée par une féconde célérité; il y aurait un immense progrès dans la marche, dans le fonctionnement de tous les services publics. Pécuniairement même l'État n'y perdrait rien : en diminuant le nombre de ses employés, en simplifiant les rouages administratifs, il pourrait peut-être y trouver une économie.

L'insuffisante rétribution des serviteurs de l'État est une cause de concussion, de bénéfices illicites, de tripotages coupables, auxquels on fournit, si non des justifications, du moins des excuses. Est-ce qu'il devrait en être ainsi? Il faut qu'un employé ait au moins le strict nécessaire pour vivre. Si on ne le lui donne pas, cet homme s'irritera, sa bonne volonté s'affaiblira, ses passions mauvaises s'enflammeront, mille tentations l'assailleront, et si une occasion favorable se présente, il pourra bien en profiter, et succomber. Est-il moral, est-il bon, est-il chrétien que l'État place ses serviteurs dans de pareilles conditions? Je ne le pense pas. L'insuffisante rétribution des serviteurs de l'État est un grand mal, auquel il faut remédier. Mais en remédiant à ce mal, il ne faudrait pas toucher aux positions acquises. On ne réduirait le personnel qu'à fur et mesure des vacances d'emplois.

Administrativement l'Etat autorise la prostitution. L'autorité délivre des brevets de débauche aux filles publiques, qui prennent le titre de filles soumises. Les honteux cornacs de ces femmes immondes exercent un métier autorisé, puisqu'ils sont patentés. Que les lupanars se cachent dans l'ombre, soient tolérés, si l'on ne peut les détruire, passe encore, mais qu'on leur permette de se montrer en quelque sorte à visage découvert, qu'ils soient protégés ostensiblement, c'est presque une honte nationale! Ne comprend-on pas que ces lupanars, chaque jour plus nombreux, gangrènent le peuple tout entier? Dans ces lieux infâmes, ce n'est plus l'amour, qui entraîne l'homme vers la femme, c'est la passion bestiale.

Au contact de ces femmes dégradées, les nobles sentiments disparaissent, le patriotisme s'énerve, l'esprit de famille s'en va. L'homme descend au-dessous de la brute : il ne cherche plus dans la vie que la plus basse sensualité. Les jeunes gens, les hommes mariés, les vieillards même sont attirés dans ces tanières du vice et du crime, et lorsqu'ils en sortent, ils ne sont plus que des cadavres vivants. Leur âme est morte, leur sang est appauvri, vicié, stérilisé, leur œil fiévreux ou hébété n'est plus digne de regarder le ciel. Que peut-on attendre de pareils hommes ! — Dieu à créé la femme pour qu'elle fût la compagne de l'homme, pour qu'elle perpétuât sa race, qu'elle devînt un second lui-même, qu'elle le complétât, et qu'ensemble ils élevassent leur cœur vers lui dans l'extase du chaste et saint amour ! il ne l'a point créé, pour être la femelle de l'homme, que dis-je ? pour être sa ruine sa perte, et sa honte !

On ne saurait autoriser la licence, si l'on veut que la nation se relève. La raison, d'accord avec la foi chrétienne, nous en fait un impérieux devoir.

Que l'on n'aille point croire qu'en proscrivant la prostitution légale il faille rétablir le divorce, Ce serait une immense erreur. Dans notre société matérialiste et sensuelle le divorce porterait un coup terrible à la famille et au pays. L'indissolubilité actuelle du mariage, quelque grave et importante qu'elle soit, n'empêche pas toujours les unions mal assorties. Avant tout l'on pèse l'avoir du futur époux, la dot de la future épouse ; leur position sociale vient après ; quant à leurs qualités personnelles, qui devraient primer sur tout le reste, elles sont mises au dernier rang. Cependant on les compte encore pour quelque chose. Avec le divorce on ne les compterait plus pour rien. On ne se marierait que pour avoir de l'argent, une position sociale, sans s'occuper de l'avenir. L'on penserait, non sans raison, que si l'on n'était pas content de son sort, ou si l'on pouvait trouver mieux, l'on divorcerait. Voudrait-on posséder une belle jeune fille, on l'épouserait, puis une fois satisfait, l'on en épouserait une autre. L'immoralité entrerait à porte grande ouverte dans la nation.

Objectera-t-on que le juge apprécierait les motifs du divorce? Qui ne comprend qu'un homme ou une femme, voulant divorcer, pourrait toujours faire naître des motifs suffisants pour que le divorce fût forcément prononcé. Ainsi s'établirait un nouveau genre de commerce : le commerce de la femme. Le mariage ne serait plus qu'un concubinage. Après avoir eu la prostitution légale nous aurions le concubinage légal.

Ah! que le Christ avait raison de dire qu'il ne faut pas désunir ce que Dieu a uni. Que ces paroles sont sages, et qu'elles conviennent bien à notre chère France! ne les oublions jamais, et ne nous laissons pas aveugler par des esprits, qui peuvent être brillants, mais qui à coup sûr sont superficiels et à vue courte.


## VII


Il y a de grandes réformes à faire dans l'instruction publique.

L'instruction primaire devrait être gratuite. L'ignorance est une imperfection, une chose mauvaise en elle-même, et elle engendre souvent le mal. L'ignorance est un danger pour la société. L'âme, comme le corps, a besoin de nourriture pour être saine et vigoureuse. L'instruction est la nourriture de l'âme. Si le Christ nous commande d'assister nos frères matériellement, à plus forte raison nous commande-t-il de les assister moralement.

Il est du devoir d'une société chrétienne de fournir à tous ses membres l'instruction nécessaire. L'immense majorité des pères de familles ne demandent pas mieux que de faire instruire leurs enfants. S'ils ne le font pas, c'est que leurs ressources ne le leur permettent pas.

Mais l'instruction primaire ne doit pas être obligatoire. L'amour paternel n'a pas besoin d'une loi coercitive pour s'exercer. Ceux qui n'obéissent pas à cet amour, que les animaux éprouvent eux-mêmes, ne sont qu'une exception, dont le législateur ne doit pas tenir compte.

D'ailleurs les droits du père de famille sur son enfant sont sacrés. Son enfant!... Mais c'est sa propriété la plus chère! La société n'a pas le droit de s'en emparer, et d'en faire ce que bon lui semble. L'État n'a pas le droit de façonner l'âme d'un enfant à sa guise, si le père de famille n'y consent pas. Un pareil droit n'est qu'une odieuse tyrannie, pouvant sortir du cerveau d'un César, mais que tout républicain véritable doit énergiquement repousser.

Des centaines de communes ne sont pas assez importantes pour avoir plusieurs instituteurs ; elles ne pourront jamais en avoir qu'un seul. Faudra-t-il que le père de famille soit forcé de livrer son enfant à cet instituteur, dont les idées et les sentiments peuvent être contraires aux siens. Non! non! ce n'est pas possible! ah! que le père de famille soit libre de faire pour son enfant ce qu'il jugera le meilleur, et le plus opportun!

Chaque commune par l'organe de ses édiles devrait nommer son instituteur ou ses instituteurs, et les choisir à volonté parmi les religieux, les prêtres, ou les laïques.

L'État aurait à ratifier le choix des communes, mais sa ratification serait obligatoire, si les instituteurs choisis étaient possesseurs d'un brevet de capacité, délivré par une faculté gouvernementale, ou par une faculté libre; s'ils n'étaient point connus pour des hommes tarés; s'ils jouissaient de leurs droits civils; enfin s'ils ne faisaient point profession d'athéisme, car l'athée est un homme néfaste, qui en principe est forcément l'ennemi de toute loi morale.

Chaque commune devrait payer son instituteur, ou ses

instituteurs. La commune, trop pauvre pour payer en entier son instituteur, devrait être aidée par l'État. Dans ce cas l'Etat participerait au choix de l'instituteur, en acceptant ou en refusant celui que la commune lui désignerait.

L'enseignement secondaire devrait être libre. Il ne faudrait pas supprimer l'université, mais il faudrait qu'elle ne jouît d'aucun privilége.

Les institutions privées devraient pouvoir adopter les méthodes, les systèmes, les programmes d'instruction, qui leur paraîtraient les meilleurs.

Tout citoyen, possédant un brevet de capacité, délivré par une faculté de l'État, ou par une faculté libre, devrait avoir le droit de créer une institution, pourvu qu'il ne fût pas un homme taré, qu'il jouît de ses droits civils, et qu'il ne fît pas profession d'athéisme.

Il faudrait obliger l'Université à changer son système et son programme d'instruction. Au lieu de mettre au premier rang l'étude du grec et du latin, elle devrait y mettre l'étude de la langue française, de l'histoire, de la rhétorique, de la philolosophie, de la géographie, de la cosmographie, de l'histoire naturelle, des langues vivantes, des sciences mathématiques, physiques et économiques.

Il est déplorable que les jeunes gens, au sortir des lycées, ne sachent que fort mal leur propre langue, et ne connaissent bien que le grec et le latin, qui ne leur seront pas complétement inutiles, mais ne leur serviront que fort peu dans la vie. L'étude de ces deux langues était autrefois essentielle, parce que la langue française en dérivant en partie, n'était pas encore bien formée. Il n'en est plus de même aujourd'hui.

Que l'étude du grec et du latin soit donc sommaire, et que l'on consacre à des connaissances plus utiles la majeure partie du temps qui lui est consacré !

Les grands écrivains modernes ne manquent pas, et peuvent servir de modèle à la jeunesse tout aussi bien que les écrivains anciens. D'ailleurs, les œuvres les plus remarquables de ces derniers ont été traduites en français par des écrivains habiles, et sans les lire dans l'original l'on peut se rendre compte de leur mérite.

Les arts et les sciences ont fait de grands progrès. Mille connaissances précieuses sont acquises à l'humanité. L'instruction ne peut rester toujours la même. Il faut qu'elle suive la marche ascendante de l'esprit humain.

Le monopole universitaire est un monopole fatal. Pour qu'il y ait vie et progrès, il faut qu'il y ait liberté et concurrence. C'est aux pères de famille qu'il doit appartenir de choisir entre les écoles privées, et les écoles gouvernementales.

Ils les jugeront d'après les résultats obtenus, et l'on peut être certain que leur bon sens et leur intérêt ne les tromperont pas.

Comme il ne faut pas que la liberté se change en désordre, je reconnais que l'Etat doit avoir un droit de surveillance mais il ne faudrait pas lui donner d'autres droits.


L'enseignement supérieur devrait jouir de la même liberté que l'enseignement secondaire. Il faudrait que l'on pût fonder des facultés privées, ayant les mêmes prérogatives que les facultés de l'État.

Il serait à désirer qu'il y eût des facultés restreintes, spéciales, des facultés de littérature, des facultés de philosophie, des facultés d'histoire, des facultés de géographie, des facultés de commerce et d'industrie, des facultés d'agriculture, des facultés d'histoire naturelle, d'autres encore peut être et que toutes ces facultés pussent délivrer des diplômes de capacité, à la condition que leurs cours et leurs examens fussent publics, et qu'elles ne délivrassent de brevets de capacité que pour les sciences ou les arts qui y seraient professés.

A la nation incomberait le soin d'apprécier la valeur des diplômes délivrés par les facultés de l'État et de ceux délivrés par les facultés libres. Les citoyens veulent tous que leurs intérêts soient en bonnes mains. Les facultés de l'État et les facultés privées récolteraient ce qu'elles auraient semé. Si ceux qu'elles auraient gradés avaient un mérite réel, elles grandiraient dans l'opinion publique, et les diplômes qu'elles délivreraient, auraient une grande valeur. Si au contraire ceux, qu'elles auraient gradés, étaient incapables, elles seraient dépréciées, et leurs diplômes sans valeur.

Comme pour l'enseignement secondaire il ne devrait être donné à l'État qu'un droit de surveillance, droit indispensable, car si les professeurs de ces facultés portaient atteinte à la morale publique, ou professaient ouvertement l'athéisme, il faudrait qu'ils fussent traduits devant les tribunaux, et que les facultés auxquelles ils appartiendraient, fussent immédiatement fermées.

Aujourd'hui en France on n'approfondit rien. L'on connaît beaucoup de choses, mais on n'en connait bien aucune. Le champ de la science et de l'art est immense. Il faut le diviser et le subdiviser pour pouvoir le bien cultiver, et le rendre aussi fécond que possible.

Le Christ est venu apporter la lumière, la vie et le progrès, mais pour que la société jouisse de ces dons, il faut qu'elle rende libres les voies, qui les répandent dans son sein.


## VIII


La liberté de la presse et le droit de réunion devraient être solidement établis et sagement réglementés.

Tout citoyen devrait avoir le droit de fonder un journal, sans cautionnement, et sous la seule condition de faire connaître à l'autorité administrative son nom et le titre de son journal. Il va sans dire qu'aucun journal ne serait timbré.

Mais il ne faudrait pas que la liberté de la presse se changeât en licence.

S'il est bon que la lumière pénètre dans toutes les classes de la société, il n'est point bon que cette lumière allume l'incendie, et qu'elle devienne une torche funèbre.

Le champ de l'univers est vaste. La presse peut s'y promener à l'aise. Que de faits curieux, que de choses utiles à faire connaître, que d'enseignements féconds à donner!

Il ne faudrait pas que la presse pût soulever les haines, corrompre les mœurs, se faire un revenu du scandale.

Il devrait être interdit aux journalistes de se livrer à des polémiques irritantes sur les divers cultes, professés par les citoyens, et reconnus par l'État; de s'en moquer, de les tourner en ridicule ; de s'occuper des actes des ministres de ces cultes, à moins que ces actes ne constituassent des crimes, ou des délits punis par les lois.

Les ministres des divers cultes ne sont pas des fonctionnaires de l'Etat. Tout ce qui touche aux croyances religieuses des citoyens doit être sacré. Les haines religieuses sont les plus vives, et elles conduisent à la guerre civile.

Il devrait être interdit aux journalistes de préconiser le vice, de porter atteinte à la morale publique par leurs principes, à la bienséance par leur langage, de pousser d'une façon quelconque les citoyens à commettre des crimes ou des délits punis par les lois.

Il devrait leur être interdit d'apprécier les débats et les décisions des Chambres, s'ils ne donnaient pas à leurs lecteurs le compte rendu officiel et analytique des séances, où ces débats auraient eu lieu, où ces décisions auraient été prises. Pour faciliter cette publication, l'on pourrait faire un compte rendu plus court, plus succinct encore que le compte rendu actuel.

Il faudrait qu'ils fussent responsables des conséquences des nouvelles fausses qu'ils publieraient, à moins qu'ils ne prouvassent leur parfaite bonne foi.

Il faudrait enfin qu'il leur fût interdit de défendre et de soutenir l'athéisme, qui est le compagnon du vice, et le marchepied du crime.

Si les journalistes ne tenaient compte de ces diverses prescriptions, ils seraient traduits devant les tribunaux correctionnels, ou devant un jury spécial, composé d'hommes instruits et indépendants, inaccessibles à l'action du gouvernement et à l'action populaire. Ces tribunaux ou ce jury les condamneraient, selon la gravité du cas, à l'amende, à la prison, à la suspension, ou même à la suppression de leurs journaux.

Il faut qu'il y ait des contradictions dans le monde, mais il faut aussi que l'on rende à Dieu et à l'autorité civile ce qui leur est dû. Que la discussion existe donc entre les hommes, mais que la religion, la morale, l'ordre et la paix publique soient respectés.

Tous les citoyens devraient pouvoir organiser des réunions publiques, pourvu qu'ils fissent connaître à l'autorité administrative leurs noms, ainsi que le but de ces réunions, le local où elles seraient tenues, les noms des orateurs qui devraient y prendre la parole.

On ne saurait permettre qu'elles devinssent un pêle-mêle tumultueux, qu'elles se transformassent en clubs anarchiques, où les premiers venus pussent émettre les doctrines les plus subversives, et les plus monstrueuses.

Il faudrait qu'il fût interdit aux orateurs des réunions publiques de dire ce qui serait interdit aux journalistes d'écrire. S'ils ne se soumettaient pas aux prescriptions imposées à ces derniers, il en serait dressé procès-verbal, séance tenante, par le représentant de l'autorité, leurs réunions seraient dissoutes, et ils seraient traduits devant les tribunaux correctionnels. Ces tribunaux pourraient les condamner à la prison, ou à l'amende, suivant la gravité de l'infraction.

S'il est bon de favoriser les tournois de l'esprit, qui fortifient, grandissent les âmes, il n'est point bon de souffrir qu'ils se changent en luttes homicides et honteuses.

Le Christ parlait aux hommes assemblés : il faut que l'on puisse faire comme lui. De ses lèvres jaillissait la lumière féconde. Qu'il en soit ainsi pour ceux qui veulent adresser des discours à leurs frères.


## IX.


La loi militaire actuelle me paraît mauvaise. Je crois qu'elle devrait être profondément modifiée.

Il faudrait que le service militaire durât deux ans au lieu de cinq, et que les jeunes gens fussent appelés sous les drapeaux à l'âge de dix-huit ans.

Le service de cinq années est-il indispensable pour avoir une bonne armée. Je ne le pense pas. Le métier de soldat n'est pas si difficile qu'il faille un laps de temps aussi long pour l'apprendre. L'armée prussienne, malheureusement, nous en a donné une preuve irréfutable.

A dix-huit ans, presque tous les hommes sont formés, et peuvent supporter le travail et la fatigue. A cet âge l'exercice corporel est éminemment salutaire. Il développe les muscles, il rend l'homme plus vigoureux, plus robuste. Moralement il lui est plus utile encore, car il le préserve des funestes entraînements des sens. Du reste les jeunes gens, reconnus trop faibles pour faire un bon service, seraient renvoyés à l'année suivante. Il en serait de même pour ceux qui n'auraient pas terminé leurs études.

Par la réduction de la durée du service, et par l'incorporation à dix-huit ans, les jeunes gens pourraient commencer leur carrière d'hommes à vingt ans ce qui serait un immense avantage pour eux, et pour leurs familles.

Le volontariat d'un an, contraire à l'égalité et à la justice, devrait être supprimé. Il serait remplacé par la faculté, donnée aux chefs de corps, de renvoyer dans leurs foyers les jeunes gens, qui connaîtraient parfaitement le service militaire, et dont la soumission et la conduite auraient été irréprochables.

Le service militaire, réduit à un an, constitue une faveur. Cette faveur ne doit pas être accordée à ceux qui possèdent quinze cents francs et des connaissances étrangères à l'art militaire, mais à ceux qui ont acquis les connaissances spéciales, que cet art réclame, et sont obéissants, soumis, d'une conduite exemplaire.

Quand un soldat connaît bien son métier, qu'il est sage, dévoué, soumis, il peut être renvoyé sans inconvénient dans ses foyers. Si la patrie fait appel à ses enfants, il sera le premier sous les armes. On trouvera toujours en lui un homme solide, un homme fort, prêt à faire son devoir, quelque pénible qu'il soit, un de ces hommes qui ne reculent jamais devant l'ennemi, et qui regardent sans trembler la mort en face. Voilà l'homme qu'il faut favoriser.

Au privilége de la fortune et d'une capacité inutile, souvent douteuse, il faut substituer le privilége du mérite réel, de la vertu et de la capacité spéciale. Voilà l'égalité chrétienne, voilà la justice.

La loi militaire actuelle est nuisible au commerce, à l'industrie, à l'agriculture. Les jeunes gens qui passent cinq années sous les drapeaux, s'ils sont artisans, oublient leurs métiers ; s'ils sont cultivateurs, perdent le goût de leur état, souvent même ne reviennent plus au foyer de famille ; s'ils appartiennent à la classe bourgeoise, ont leur carrière brisée, ou tout au moins compromise.

Cette loi présente un dernier inconvénient, dont personne ne parle, bien qu'il ait en réalité une importance immense. L'homme n'est point fait pour vivre seul ; il lui faut une compagne, il lui faut une épouse. Quand il a atteint l'âge de raison, que son cœur palpite, que la nature parle en lui, il doit songer à se marier, à moins qu'il ne veuille se consacrer à Dieu. Dans ce dernier cas Dieu lui accorde les grâces nécessaires pour dominer sa nature, et vivre d'une vie supérieure.

La flamme intérieure, qui brûle le cœur du jeune homme, est un avertissement divin. Bien peu d'entre nous sont de force à vaincre cette flamme. Pour être vertueux il faut que la grande majorité des hommes se marient jeunes, se marient à vingt ans.

S'ils ne se marient pas à cet âge, ils courent les mauvais lieux, séduisent les femmes mariées, trompent, déshonoren les jeunes filles, deviennent ivrognes et joueurs, perdent la générosité, la noblesse de l'âme, l'énergie de caractère, le sentiment du devoir, arrivent enfin trop souvent à blasphémer, à nier la Providence.

Si l'homme ne se marie pas quand il en a la possibilité, il est responsable de ses désordres, mais s'il en est empêché par la loi, c'est la loi qui en porte la responsabilité.

On me répondra sans nul doute que de nos jours les hommes ne se marient plus à vingt ans. Les courtisanes portent assez haut la tête pour que je sache ce qui se passe. Est-ce que leurs carrosses et leurs chevaux ne nous jettent pas la boue à la figure !

Oh ! oui ! Je ne sais que trop où nous en sommes ! Les jeunes filles n'ont plus la candeur pudique des vierges. Dans les théâtres, au bal, elles imitent les femmes mariées. Les unes et les autres se montrent dans une demi-nudité, qui ne leur cause aucun embarras. Bourgeoises et grandes dames se disputent la palme de l'immodestie.

Les jeunes gens ont l'œil sensuel, la langue immorale et le corps parfumé. Beaucoup d'entre eux ressemblent à des enfants rachitiques ; leur taille s'est abaissée, leurs muscles ont disparu. Ils se coiffent comme des femmes, et quand gronde le canon plus d'un se cache comme elles. Leurs veines ne renferment plus qu'un sang anémique, qu'un sang décoloré.

Que peuvent être les enfants de pareils hommes? Des enfants malingres et maladifs. Quand on se mariait jeune, on avait des enfants bien portants et robustes. Le sang n'était pas vicié. Au sein de leurs égarements nos pères étaient des hommes forts. Les armées déguenillées de la Convention nous en fournissent un exemple.

Les voltairiens du dix-huitième siècle, les matérialistes et les athées du dix-neuvième ont fait de la belle besogne, il faut en convenir! Leurs infâmes doctrines ont porté leurs fruits. Les lois divines de la nature ont été méprisées. Un nouveau mode de vie a été établi. Tout a été arrangé pour le plus grand plaisir des sens. On s'est usé par la débauche, par les maladies impures qu'elle engendre, et puis, quand on n'a plus été qu'une ruine humaine, pour en finir, on s'est marié! Et la mort a circulé dans les veines de la nation. Voilà ce que l'on a fait, voilà ce que l'on fait encore!

Le mal est profond, terrible! Il faut changer de système, revenir à la loi naturelle, à cette loi qui veut que l'homme se marie jeune, observer les grands et saints commandements que Dieu et le Christ ont donnés à l'homme, à moins que nous ne voulions pas que la France accomplisse aujourd'hui dans le monde sa glorieuse mission.

Puisque par le malheur des temps tous les citoyens, qu'ils aient ou qu'ils n'aient pas l'esprit militaire, doivent servir sous les drapeaux, il faut que la loi militaire soit appropriée à ce nouvel état de choses, sous peine de la voir devenir fatale, mortelle pour la patrie.

Le service militaire obligatoire est mauvais en principe. Tous les hommes ne sont point faits pour être militaires. Les militaires doivent être avant tout des hommes de résolution, des hommes d'action, vigoureux d'âme et de corps. Ils doivent en outre aimer le mouvement et le bruit, ne redouter aucun péril, ne pas éprouver le sentiment de la peur. Comme le prêtre ils doivent avoir l'esprit d'obéissance, d'abnégation et de dévouement. Ces qualités, ces vertus, ce caractère n'appartiennent pas à tous les hommes. Il est donc anormal, contre nature que tous soient militaires.

Les colossales armées actuelles ruinent les peuples. Appelons de tous nos vœux le jour où ces armées pourront être dissoutes, et où la France n'aura plus sous les drapeaux que de vrais militaires, ayant le goût, les qualités et les vertus de leur profession.

En attendant ce jour désirable, l'on pourrait donner une haute paye aux jeunes gens, qui contracteraient un engagement volontaire de cinq années, et seraient aptes à servir dans la cavalerie et dans les armes spéciales, lesquelles demandent plus d'étude et d'exercice que n'en demande l'infanterie. Par ce moyen l'on recruterait en grande partie, et l'on fortifierait ces corps d'élite, en conservant pour tous le service obligatoire de deux années, service déjà bien lourd pour la grande majorité des citoyens.

Après avoir indiqué les réformes essentielles que comporte notre régime militaire, je mentionnerai quelques réformes secondaires, qui ne sont pas cependant sans importance.

On se plaint que l'armée manque de sous-officiers. Ce n'est point étonnant. La paye de ces utiles défenseurs du pays, et plus encore leur retraite, sont insuffisantes. Que l'on augmente l'une et l'autre dans de justes proportions, et l'armée ne manquera pas de sous-officiers.

La paye des officiers jusqu'au grade de commandant, est également insuffisante. Si ces officiers appartiennent à des familles pauvres, dont ils ne reçoivent aucune aide, il leur devient presque impossible de suffire aux exigences de leur position. Ils sont obligés souvent de faire des dettes, et comme ils ne peuvent pas toujours les éteindre, ils sont mis en non activité, et leur carrière est brisée! est-il moral, est-il bon que la société, profitant de leur dévouement à la chose publique, de leurs talents pour la défense du pays, les place dans une aussi déplorable situation? Est-ce qu'il devrait en être ainsi dans un état démocratique où tous les emplois doivent être accessibles à tous les citoyens? Qu'on ne les enrichisse pas, mais qu'ils puissent au moins vivre honorablement dans la position qu'ils occupent.

Enfin ne faudrait-il pas qu'au lieu de favoriser le duel parmi les militaires, on le leur interdît comme à tous les autres citoyens, et qu'on le leur interdît sous les peines les plus sévères. Il n'y a pas deux morales : une pour les militaires, une autre pour les civils. Le duel n'est qu'un reste de barbarie, un misérable préjugé, un criminel non-sens. Risquer sa vie avec insouciance pour défendre sa patrie, pour secourir le moindre de ses frères, pour faire son devoir, c'est noble, c'est beau, c'est grand, mais la risquer pour se venger, par orgueil, par amour-propre, par une sotte vanité, sans se soucier de la raison ni de la morale, c'est vil, c'est bas, c'est honteux et c'est insensé. Le duel est un outrage fait au Christ, car le Christ a dit : ne vous vengez pas. Devrait-on forcer le soldat chrétien à manquer à ses devoirs de chrétien. En réalité le duel entame l'honneur de l'homme au lieu de le réparer. En quoi donc l'honneur est-il satisfait parce que l'offenseur aura percé d'une balle ou d'un coup d'épée la poitrine de l'offensé? L'immoralité du duel n'a d'égale que sa stupidité. Si nous voulons avoir de généreux et vaillants soldats, ne favorisons pas leurs passions, prenons soin de leur âme, apprenons leur à être des hommes vertueux.


## X


L'opinion publique en France est fort divisée sur les avantages et les inconvénients que présente l'inscription maritime. Les uns l'attaque avec une extrême vivacité, les autres la défendent avec une grande vigueur. N'y aurait-il

pas un moyen terme à prendre pour résoudre cette importante question?

Il est un fait certain : notre marine marchande souffre,
déchoit de plus en plus, tandis que les marines marchandes
de nos voisins du Nord, et du Midi, grandissent, prospèrent.

Ce malheureux état de choses doit avoir une cause. On
ne peut l'attribuer au manque de littoral et de villes mari-
times, car sous ce rapport la France est aussi bien partagée
que ses voisins; on ne saurait non plus l'attribuer à l'incapa-
cité de nos armateurs, qui sont tout aussi intelligents que
les armateurs étrangers. D'où peut-il donc provenir?

On comprend très-bien que notre marine marchande soit
moins prospère que celle de l'Angleterre, car celle-ci possède
de nombreux frets d'aller et de retour que nous ne pouvons
avoir, mais on s'explique moins facilement pourquoi notre
marine n'est pas aussi prospère que celle des autres nations
européennes, et notamment que celle de l'Italie.

En examinant ce qui se passe en France, on voit que notre
marine marchande a des entraves et des charges, qui n'existent pas chez nos voisins. Comment ne pas reconnaître que
là se trouve la cause de notre infériorité maritime.

S'il en est ainsi pourquoi ne pas essayer du régime de la
liberté! Sans détruire complétement l'inscription maritime
on pourrait lui faire subir d'importantes modifications.
Tout en conservant au corps des marins son organisation,
ne pourrait-on pas exonérer les armateurs français de la
plupart des charges et des entraves qui leur sont imposées,
et les mettre ainsi à même de lutter avec les armateurs
étrangers?

Les adversaires du régime de liberté objectent que si
l'on touchait à l'inscription maritime, un grand nombre de
marins abandonneraient la carrière de la marine pour
d'autres carrières plus avantageuses, ce qui priverait notre
marine militaire du nombre de marins dont elle a besoin,
et porterait un coup funeste à notre influence dans le monde.
Ils ajoutent que si rien de pareil n'a lieu en Italie, c'est que

ce pays, étant moins riche, moins commerçant, moins industriel que la France, les marins n'y trouvent pas de carrière plus avantageuse que celle qu'ils ont embrassée; que dès lors il n'y a aucune comparaison à faire entre ce qui se passe dans ce pays et ce qui se passerait en France; enfin que ce qui peut être un bien pour l'Italie serait pour nous un mal immense.

Cette objection ne me paraît pas très-sérieuse, car rien ne prouve que les marins français trouvassent facilement des emplois dans le commerce et l'industrie. Je crois que la plupart d'entre eux ne pourraient remplir que des emplois de manœuvres ou de terrassiers, professions plus pénibles et moins avantageuses que celle qu'ils abandonneraient, et qu'ils ne voudraient de ces professions à aucun prix.

Mais je veux supposer que l'objection soit sérieuse. Il serait très-facile d'empêcher les marins d'abandonner leur profession. L'État n'aurait qu'à faire un sacrifice pour leur assurer une retraite suffisante. Le sacrifice serait aussi juste qu'utile. Il serait utile parce qu'il procurerait à notre marine marchande et à notre marine militaire, le nombre de matelots dont elles ont besoin; il serait juste, parce que l'État doit assurer l'avenir de ses serviteurs, surtout lorsque ceux-ci lui sont indispensables, ainsi qu'à la nation. Le sacrifice, fait par l'État, ne serait pas sans quelque compensation pécuniaire, car l'avenir de tous les marins étant assuré par une retraite suffisante, il en résulterait forcément une certaine diminution dans le budget de l'assistance publique.

Ainsi, par cette mesure aussi chrétienne que démocratique, le problème serait résolu. N'hésitons pas à essayer du régime de la liberté!

## XI

La liberté d'association est peut-être la plus féconde, la plus utile des libertés dont l'homme puisse jouir.

Tous les citoyens devraient avoir le droit de former des associations en tout genre, pourvu qu'elles n'eussent rien de contraire à la morale publique, que leurs statuts fussent connus de l'autorité, et qu'elles n'eussent pas pour objet la défense et la propagation de l'athéisme.

Il faudrait en outre que ces associations, soit qu'elles fussent littéraires, scientifiques, industrielles, agricoles, ouvrières, humanitaires ou charitables, soit qu'elles fussent laïques ou religieuses, pussent avoir une existence indépendante, qu'elles pussent par conséquent posséder en leur nom.

Seulement il conviendrait que suivant leur nature l'on fixât un prudent maximum pour les biens qu'elles pourraient avoir, ou acquérir dans la suite; car il ne faudrait pas qu'elles devinssent jamais un danger ni même un embarras pour l'État.

Tout citoyen doit avoir le droit de disposer comme bon lui semble des biens qui lui appartiennent. J'admets que le citoyen marié soit forcé de réserver une part de ses biens à sa femme et à ses enfants, car il a des devoirs à remplir envers eux et la loi ne doit point lui permettre de les oublier; mais en dehors de cette restriction sa liberté doit être entière. Tout citoyen devrait donc pouvoir disposer de sa fortune en faveur d'un corps de métier, d'une association quelconque, pourvu que ce corps de métier, cette association, après la donation ou le legs, restassent dans les limites du maximum de richesse qui pourrait leur avoir été fixé.

Avec le système actuel d'impôts le droit de posséder, accordé à toutes les associations, aurait les plus graves inconvénients, mais avec le système d'impôts que j'ai indiqué, ce droit ne présenterait que des avantages.

L'homme isolé est faible ; mais réuni à ses frères dans un but commun l'homme est fort. C'est par l'association que les idées fécondes peuvent fructifier. L'association concentre toutes les forces de l'humanité : forces morales, forces intellectuelles, et forces matérielles. Pour que les idées se développent, fructifient il faut qu'il y ait des ouvriers, qui les cultivent, et que ces ouvriers aient des moyens d'existence et des moyens d'action, qui leur permettent de les mettre en pratique et de les propager.

Si l'association n'a pas le droit de posséder, elle n'a qu'une existence précaire ; la mort de l'un de ses membres peut la faire périr. Avec le droit de posséder l'association peut entreprendre des travaux gigantesques, des œuvres de longue haleine, qui se continuent sous plusieurs générations.

Grâce à ce droit les sciences, les arts, l'industrie, le commerce, l'agriculture, la charité, dont le champ est infini, prendront un immense développement. Par lui le pain du jour ne manquera plus aux ouvriers de la science, aux ouvriers de l'humanité, aux ouvriers de Dieu.

Toutes les paroles du Christ sont esprit et vie. Dans leur simplicité elles ont une telle profondeur qu'elles embrassent toutes les sociétés, toutes les institutions, tous les siècles. Le Christ a dit : « il n'est pas bon que l'homme soit seul. » cela est vrai, et sera toujours vrai — Il a dit : « aidez-vous les uns les autres . » Cela est bon, et sera toujours bon. — Ces grandes et saintes paroles renferment toutes les associations utiles, qui ont pu, et qui pourront encore élever, grandir, éclairer, ennoblir et soulager l'humanité.

## XII

L'organisation du travail est une nécessité.

L'intérêt des ouvriers, et l'intérêt de la société la réclament impérieusement.

Voici, à mon sens comment on pourrait l'établir.

Chaque corps de métier, dans toutes les villes, dans tout centre ouvriers, aurait ses représentants. Le nombre de ces représentants varierait suivant l'importance du corps de métier; il pourrait être de cinq ou de sept : un secrétaire, un caissier, trois ou cinq syndics. Les ouvriers de chaque corps de métier éliraient chaque année leurs représentants, qui auraient une existence légale.

Chaque corps de métier acquerrait ainsi une véritable personnalité, et pourrait soutenir, défendre ses intérêts sans trouble et sans secousse pour l'État.

Tout homme privé de ses droits civils, ou notoirement connu pour un homme taré ne pourrait représenter un corps de métier, car il faudrait que les représentants des corps de métier pussent jouir de l'estime publique.

Les attributions de ces représentants seraient clairement définies et limitées. Ils auraient pour mission d'administrer l'avoir de leurs corps de métier, si ceux-ci en possédaient un, de discuter, d'arrêter, de fixer avec les patrons le nombre des heures de travail, et le chiffre des salaires des ouvriers, dont ils seraient les mandataires.

La question des salaires est grave et délicate. Il faut que les salaires s'élèvent en raison de la prospérité de l'industrie et du commerce, afin que l'ouvrier puisse faire quelque épargne et avoir en tout temps le nécessaire pour lui et sa famille; il faut que les salaires s'abaissent en raison de la souffrance de l'industrie et du commerce, afin que les industriels n'arrêtent pas leurs usines, que les commerçants ne perdent pas leur clientèle, n'abandonnent pas leur commerce, car la cessation du travail est pour l'ouvrier le plus grand des malheurs.

Tant qu'une harmonieuse union ne sera pas établie entre les patrons et les ouvriers, la société sera en danger. Leurs prétentions, leurs exigences réciproques, souvent injustes ou inopportunes, sont funestes à leurs véritables intérêts.

La grève est un moyen violent, qui fait quelquefois un peu de bien, et souvent beaucoup de mal. C'est un remède empirique, que repousse la saine thérapeutique. Il ne faut plus de grève. C'est par la discussion sérieuse, approfondie, et modérée, que les questions de salaires doivent être résolues. Une pareille discussion est impossible entre la masse des ouvriers et les patrons; elle ne peut exister qu'entre les patrons et les représentants de chaque corps de métier.

Il faudrait en outre qu'il fût créé un ministère du travail, et que dans chaque département il y eût un inspecteur dépendant de ce ministère.

Les représentants de chaque corps de métier correspondraient avec le ministre du travail directement ou par l'intermédiaire de l'inspecteur de leur département.

Le ministre du travail s'occuperait de tout ce qui intéresse les classes ouvrières. Il les représenterait dans le gouvernement. Parfaitement renseigné sur la position et les besoins des ouvriers de chaque département il chercherait à améliorer leur sort. Les renseignements positifs et complets qu'il fournirait au président de la République, seraient d'une grande utilité, dans la négociation des traités de commerce, pour l'établissements des droits protecteurs, que certaines marchandises étrangères doivent payer à leur entrée en France, droits indispensables dans l'intérêt de notre industrie, de notre agriculture, et par conséquent dans l'intérêt des ouvriers.

Les inspecteurs du travail auraient pour mission de surveiller les représentants des corps de métier de leurs départements, d'assurer la sincérité et la régularité de leur élection, de faciliter une entente entre eux et les patrons, enfin d'examiner tout ce qui concernerait les classes ouvrières de leur ressort et de le faire connaître au ministre du travail,

Il ne suffit pas que l'État dise aux ouvriers : vous êtes libres; gagnez votre vie, comme vous le voudrez. Il faut qu'il pense à eux, qu'il se préoccupe de leurs besoins, de leurs moyens d'existence, de ceux de leur famille, qu'il leur donne la possibilité de soutenir, de défendre leurs intérêts, et qu'il les défende lui-même dans sa haute sphère d'action.

Actuellement l'ouvrier est isolé, il n'a personne pour le défendre; il n'a point de représentant officiel; il ne sait à qui s'adresser. Et cependant il souffre, il plie souvent sous le poids de la vie. Alors il se jette dans les bras de l'Internationale qui le flatte et prétend défendre ses droits; il devient son affidé; il s'imprègne de ses théories insensées, dont il ne comprend pas la portée; il blasphème contre le Dieu que ses pères ont adoré, et fanatique et renégat il finit par commettre le crime : il incendie et il assassine.

Un pareil état de choses ne peut durer. Il faut le changer, si l'on ne veut pas que le sol éclate comme un volcan, et que tout soit couvert de feu, de débris, et de cendre.

Le Christ s'est toujours occupé des classes pauvres. Oui ! certes ! il a aimé tous les hommes, les plus grands comme les plus petits, mais ce sont les moins heureux qu'il a le plus aimés. Il est venu redresser les chemins tortueux, combler les ravins, niveler le sol, établir l'ordre en tout. Si les gouvernements veulent vivre, qu'ils sachent l'imiter. Qu'ils s'occupent avec ardeur des classes pauvres, des classes ouvrières, qu'ils les organisent, qu'ils satisfassent à leurs justes aspirations, qu'ils assurent ainsi leur avenir, qu'ils leur viennent en aide moralement et matériellement, autant qu'ils le pourront, sans méconnaître les intérêts et les droits des autres citoyens, dont ils sont aussi les protecteurs.

## XIII

L'assistance publique représente plus particulièrement la charité, la fraternité civile et polilique. Il faut qu'elle soit sérieuse et effi cace.

Le droit à l'assistance n'existe pas, car nul homme n'a le droit d'exiger qu'on lui donne ce qui ne lui appartient pas, mais le devoir de l'assistance existe. Il existe pour tout gouvernement fondé sur les principes chrétiens.

Un pareil gouvernement ne peut se désintéresser du sort de ses administrés. Lorsqu'ils sont honnêtes et laborieux et qu'ils ne peuvent par des circonstances indépendantes de leur volonté suffire à leurs besoins, ou à ceux de leur famille, l'État doit leur venir en aide, à moins qu'ils ne soient assistés par la charité privée, ou qu'ils n'appartiennent à un corps de métier assez riche pour les secourir.

Il faudrait qu'il y eût au ministère du travail un directeur général de l'assistance publique, et qu'un budget spécial fût affecté à cet important service.

Il faudrait en outre que dans chaque département il y eût un directeur de l'assistance publique et que chacun de ces directeurs fût chargé d'organiser et de surveiller le fonctionnement de l'assistance dans les communes de son département.

L'État assurément ne devrait pas consacrer à l'assistance publique des sommes, qui ne seraient pas en rapport de celles que l'impôt peut sans inconvénient fournir. Il faudrait que l'État procédât dans ses actes de charité comme devrait le faire tout vrai disciple du Christ.

Je sais, hélas! que l'assistance publique, quelque sérieuse et efficace qu'elle soit, ne pourra jamais guérir toutes les plaies sociales, mais elle pourra au moins en panser un grand nombre. Aussi que l'on ne vienne point dire que la charité gouvernementale détruira la charité privée! Les souffrances et les misères de l'homme en ce monde sont trop grandes pour qu'il en soit ainsi. La charité privée aura toujours des pleurs à sécher, des douleurs à apaiser, des misères à soulager. Les peines de l'homme sont sans nombre, et le champ, où la charité peut s'exercer, est infini.

Les départements et l'État font construire de nombreux monuments. Les uns ont une véritable utilité, les autres n'ont qu'une utilité secondaire. Il ne faudrait pas s'opposer à la construction des premiers, mais il faudrait s'opposer pour le moment à la construction des seconds; les sommes qu'on leur consacre devraient être reportées sur les établissements de charité.

Il est indispensable de construire de nouveaux hôpitaux; le nombre de ceux qui existent est insuffisant. Il faudrait qu'un grand nombre d'hôpitaux fussent agrandis, ou tout au moins mieux organisés, qu'ils ne le sont aujourd'hui, et que leur personnel subalterne fût mieux choisi, et mieux payé! Inutile de dire que je ne place point dans ce personne les sœurs de Charité, ces filles du Christ, qui comme lui se sacrifient pour leurs frères. Je ne veux parler que des servants qui ne sont pas toujours ce qu'ils devraient être.

Il n'est pas nécessaire que les hôpitaux soient des palais, mais il faut qu'ils soient spacieux, bien aérés, qu'ils soient parfaitement installés et que les malades y trouvent des soins attentifs et constants.

Il faudrait créer de nouveaux hospices pour les infirmes et pour les vieillards, qui n'ont plus de famille, d'amis, ni de ressources, et qu'un dernier bien-être entourât ces malheureux frères.

Il faudrait enfin multiplier les orphelinats, les perfectionner même s'il était possible. Que de pauvres enfants livrés à eux-mêmes, privés de leur père, de leur mère, sans parents, sans appuis réels, sans moyens réguliers d'existence! On les recueillerait, dans ces saintes demeures. Ils y retrouveraient l'affection, la sollicitude maternelle, et pour eux un rayon de bonheur luirait encore. Au lieu de croître dans le vice et dans le mal ils croîtraient dans la vertu, et dans le bien.

Ah! grand Dieu! que la veuve honnête et pauvre ne puisse plus voir en mourant se dresser devant elle comme un horrible spectre l'image déshonorée de la pure et douce enfant, qui pleure au pied de son lit! oh! non! qu'elle soit certaine que sa fille sera recueillie, élevée dans la vertu, mieux élevée peut-être que si Dieu lui avait conservé la vie!

Tout ce que je viens d'indiquer n'est que l'application de la charité chrétienne, des préceptes du Christ dans le gouvernement et dans les lois. Il faut suivre en tout et pour tout la voie que le Christ a tracée à l'humanité. Voilà le vrai socialisme, le socialisme saint et fécond. En dehors de ce socialisme il n'y a que la tyrannie aveugle et désordonnée des peuples.

Les gouvernements athées ne donnent et ne peuvent donner que la mort. L'athéisme enfante les excès, et les excès enfantent les ruines. Les gouvernements déistes peuvent donner la justice, mais la froide justice, cette justice, qui serre le cœur. Ils ne peuvent aller au delà, car ils manquent de point d'appui, et craignent non sans raison d'être entraînés, de tomber dans l'abîme. Les gouvernements fondés sur les principes chrétiens peuvent seuls aller plus haut et plus loin. S'appuyant sur les paroles et sur les actes du Christ, qui leur servent de guide, de frein, de barrière, ils ne peuvent ni tomber, ni s'égarer. Eux seuls peuvent donner la véritable charité, la charité fraternelle, qui ranime, et qui vivifie.

## XIV

La liberté de conscience est la première, la plus chère, la plus précieuse de toutes les libertés. L'âme de l'homme n'appartient qu'à lui-même et à Dieu.

Il faudrait que tous les citoyens pussent pratiquer librement et publiquement leurs cultes, si ces cultes n'étaient point contraires à la morale publique, et s'ils étaient reconnus par l'État. Cette dernière condition est nécessaire pour empêcher que le premier venu ne transforme ses rêveries en culte, ne fasse scandaleusement de la religion une affaire d'intérêt et de lucre.

Il faudrait que tous les citoyens pussent défendre et soutenir leurs croyances religieuses par la parole et par la plume, pourvu que dans les journaux et les réunions publiques ils ne se livrassent à aucune polémique, à aucune discussion irritante sur ces questions, à aucune attaque contre les cultes reconnus par l'État.

Les déistes eux-mêmes, qui n'ont pas de culte, mais qui croient à l'existence de Dieu et à l'immortalité de l'âme, devraient pouvoir défendre et soutenir leurs opinions religieuses par la parole et par la plume dans les conditions imposées aux membres des cultes reconnus.

Mais il faudrait que l'athéisme fut proscrit. Toute profession de foi publique, toute manifestation publique d'athéisme devraient être immédiatement et inexorablement empêchées et réprimées.

Que l'athée professe son immonde doctrine chez lui, dans son intérieur, avec ses proches et ses amis, libre à lui, car le citoyen doit pouvoir penser ce qu'il veut, et son domicile doit être sacré, mais qu'il ne vienne pas étaler sa honte en plein jour !

Point d'inquisition, mais point d'athéisme public.

L'athée doit être considéré comme un reptile venimeux que l'on ne va point chercher dans ses ténèbres, mais que l'on poursuit sans pitié s'il se montre en plein soleil, s'il s'agite, s'il ouvre sa bouche empoisonnée, car il peut donner la mort à ceux qui passent près de lui.

Ce n'est point comme catholique que je demande que l'athéisme soit proscrit, c'est comme citoyen.

Les catholiques n'ont pas besoin du bras séculier pour défendre leurs croyances; le Christ a triomphé par sa parole, ses bienfaits et ses souffrances; les catholiques veulent faire comme lui.

Mais les citoyens doivent défendre la société contre une doctrine, qui la rendrait impossible, si elle pouvait prévaloir. L'athéisme ne résiste pas à un examen sérieux. La création entière, si on la considère, l'examine attentivement, en montre la vanité et le néant. L'athéisme serait peu redoutable, si la majorité des hommes étudiaient et réfléchissaient. Malheureusement il n'en est rien. La plupart des hommes n'étudient pas, et ne réfléchissent pas, non-seulement dans les classes inférieures mais même dans les classes supérieures de la société. Beaucoup d'hommes peuvent donc être séduits par une doctrine qui leur permet de donner libre cours à leurs passions, si cette doctrine leur est habilement présentée. Il ne le faut pas.

L'athéisme est la négation de tout état social régulier, de toute civilisation, de tout progrès désintéressé, de tout idéal. L'athée, passionné, intelligent, énergique, doit briser tous les obstacles qu'il rencontre sur son chemin. Si l'athée ne brise pas ces obstacles, c'est que sa nature est faible et vulgaire, qu'on me passe le mot : c'est qu'il est bête.

La vue de cette enfant naïve le transporte au ciel; il a l'occasion de la séduire; pourquoi ne le ferait-il pas? après la mort il n'attend que le néant. Tout se réduit pour lui à quelques heures de félicité sur la terre. Il doit les prendre où il les trouve, qu'importe que le déshonneur soit sur le front de cette enfant, que sa famille pleure de honte! Le déshonneur n'est qu'un mot: il ne s'en occupe pas!

Il est pauvre, son voisin est riche: il peut le voler sans être vu; pourquoi ne le ferait-il pas? C'est à son voisin à veiller sur son argent; tant pis pour lui s'il n'y veille pas! ne faut-il pas qu'il jouisse aussi de la vie? La mort avance, et après la mort, il n'y a plus rien!

Un homme l'a offensé cet homme est un obstacle à sa fortune; en le voyant son sang frémit; la nuit est sombre; l'heure est propice; il peut frapper son frère; il peut se débarrasser de lui; pourquoi ne le ferait-il pas? Il le fera et il aura raison de le faire, car s'il meurt tout entier, le sang de son frère ne criera pas contre lui et en s'enivrant du plaisir de la vengeance il aura aplani sa voie.

Qui ne sait qu'il y a pour l'homme des voluptés aussi monstrueuses qu'étranges. Il y a la volupté du sang et la volupté de la fange. Pourquoi l'athée ne s'y abandonnerait-il pas, s'il croit ne pas être vu et pouvoir éviter le glaive de la loi? Pour l'athée il n'y a pas de frein intérieur, il n'y a pas de loi morale, il n'y a pour le diriger et le retenir que l'inté-rêt personnel et la force brutale.

Pour lui la loyauté, la bonne foi, l'honnêteté; le dévouement, la générosité, le courage, le patriotisme, la vertu sont des mots vides de sens. Il porte en lui la corruption, la décomposition et tout ce que son souffle empoisonné peut atteindre est frappé de mort.

Une doctrine qui conduit logiquement et fatalement à de pareilles conséquences, est une doctrine maudite. C'est une gangrène sociale, un virus pestilentiel, qu'il faut éliminer, qu'il faut anéantir.

Mais en proscrivant l'athéisme il faudrait bien se garder de toucher à la liberté de la science. Toute découverte, toute vérité scientifique ne peut être favorable à l'athéisme qu'en

apparence. Au fond elle lui est contraire, car toute vérité
vient de Dieu. Une analyse approfondie, une intelligente
interprétation le feront toujours reconnaître. La lumière ne
doit pas être mise sous le boisseau. La lumière doit rayon-
ner partout.

Bien qu'à l'époque actuelle la séparation de l'Église et de
l'État paraisse rationnelle, il faudrait maintenir précieusement le budget du culte catholique. La raison en est simple :
c'est que l'on ne pourrait abolir ce budget qu'en restituant à
l'Église les biens que l'État lui a pris, à moins que l'on ne
violât toutes les règles du droit et de la justice. Ce budget
n'est pas une libéralité de l'État; il est une dette de l'État
et une dette réduite, puisqu'il ne représente qu'une portion
des intérêts que l'État doit à l'Église sur le capital qu'il lui a
pris.

Je n'admets pas que des hommes, ayant le moindre amour
de la justice et de la véritable liberté, pussent soutenir
l'odieuse théorie de la spoliation légale.

Avant la révolution de 1789 l'Église catholique
possédait des biens, qui lui avaient été donnés par ses
enfants de toute condition et de tout rang. Cette donation
était conforme aux lois du royaume. L'Église possédait ces
biens légitimement. De quel droit l'État s'en est-il emparé
Du droit de la force, lequel n'est un droit véritable que
pour ceux, qui ne croient ni à la justice, ni à la morale, ni au
devoir, que pour ceux qui ne croient à rien.

Je reconnaîtrai, si on le veut, que cette spoliation a été en
quelque sorte forcée, qu'elle n'a été commise que pour sauver le pays. S'en suit-il que l'État ait été libéré envers l'Église
Nullement. L'État a dû à l'Église la totalité de ce qu'il lui
avait pris, jusqu'au jour où il a conclu un arrangement avec
elle.

La convention intervenue entre l'État et l'Église catholique au sujet de cette spoliation est un contrat sacré, que l'on
ne peut détruire sans le consentement des deux parties con-

tractantes. Briser violemment ce contrat et le briser sans restituer à l'Église ce qu'on lui a pris serait porter la plus grave atteinte à la moralité nationale, et mettre en péril la société entière.

L'État doit se trouver très-heureux d'en être quitte à si bon compte. L'intérêt public commande donc de maintenir ce qui a été convenu. Oh! Ce n'est pas la nation, qui peut avoir à se plaindre du budget du culte catholique, c'est l'Église dont les ministres disposaient autrefois de revenus importants, tandis que aujourd'hui ils ne disposent que d'infimes émoluments, qui ne leur donnent pas même de quoi vivre.

Mais le clergé catholique ne se plaint pas. Il est pauvre comme le Christ, et la pauvreté fait sa gloire. Quant à moi je fais des vœux pour qu'il garde cette pauvreté, qui le rend plus noble, plus grand, plus puissant, plus libre, et le met à l'abri des séductions, des entraînements de la richesse et du pouvoir.

Le prêtre catholique aujourd'hui, le bon prêtre est la parfaite image de son divin maître le Christ. Comme lui il est pauvre, il est doux, il est miséricordieux, il est libre ; comme lui il répand la lumière sur les hommes ; comme lui il est au-dessus des passions humaines, comme lui il donne sa vie pour ses frères. Dieu nous préserve de lui enlever cette divine ressemblance! qu'il reste toujours pauvre, toujours noble, et toujours grand!

En maintenant le budget du culte catholique, nous ferons acte de justice; en proscrivant l'athéisme, nous ferons acte de bons citoyens; en conservant et en étendant la liberté de conscience, droit sacré pour le citoyen, nous ferons acte de vérité, de sagesse et d'indépendance temporelle.

A ce sujet qu'il me soit permis de dire qu'il existe dans le monde deux domaines bien distincts : le domaine spirituel et le domaine temporel.

Tous les catholiques doivent être soumis à l'autorité infail-

lible de l'Église et du Pape pour tout ce qui concerne le domaine spirituel, mais pour tout ce qui concerne le domaine
temporel, ils ne relèvent que de Dieu et de leur conscience.

Le domaine spirituel comprend toutes les questions de
dogme, de morale générale et de discipline ecclésiastique;
le domaine temporel comprend la forme des États, la conduite des peuples, et la conduite privée des citoyens dans l'ordre civil et politique.

Proclamer bien haut la distinction de l'autorité spirituelle
et de l'autorité temporelle est aujourd'hui indispensable pour
ramener l'union entre le catholicisme, la science et les idées
modernes.

Le Christ, qui voyait l'avenir, a établi cette distinction
d'une façon claire et précise, lorsqu'il a dit : Rendez à César,
c'est-à-dire à l'autorité temporelle, ce qui lui appartient, et
à Dieu ce qui appartient à Dieu. En faisant ce qu'il a pres-
crit les catholiques n'ont pas à craindre de se tromper.


## XV.


Je terminerai l'exposé des réformes, qu'il faudrait accomplir selon moi, en parlant de celles que comporteraient le
suffrage universel et les grands pouvoirs de l'État.

Par le suffrage universel la nation possède la souveraineté.
Cette souveraineté a remplacé celle du roi. C'est un progrès,
car il est rationnel que la volonté de tous passe avant la volonté d'un seul.

Les meilleures choses en principe peuvent cependant devenir mauvaises par l'application. Le suffrage universel est-
il organisé comme il devrait l'être pour produire de bons
fruits? Je réponds : Non, sans hésiter.

Dans la nomination des représentants de la nation un grand nombre de citoyens agissent sans savoir ce qu'ils font, sans discernement possible. Comment veut-on qu'un travailleur des villes ou des campagnes, gagnant chaque jour son pain à la sueur de son front, puisse bien connaître les candidats qui sollicitent son suffrage. Il ne les connaît le plus souvent que par les journaux, qu'on lui met sous la main. Si à l'approche des élections il se trouve en communication avec eux, ce n'est que passagèrement dans des réunions publiques, où ces candidats se mettent en scène comme des acteurs, après avoir combiné chaque phrase de leurs discours pour entraîner leur auditoire, et obtenir son suffrage. Ce suffrage ainsi obtenu, que représente-t-il, Il ne représente que les opinions, j'allais dire les aspirations de ces candidats, et celles des journalistes qui les patronnent. Les uns et les autres trop souvent sont dévorés par l'ambition, veulent faire parler d'eux, acquérir de l'importance à tout prix ; les uns et les autres se servent trop souvent des travailleurs comme d'un marchepied. Qui est la dupe du suffrage universel ainsi organisé ? Le travailleur et la nation : le travailleur qui fait les affaires de ces hommes, au lieu de faire les siennes ; la nation qui n'est pas toujours représentée comme elle devrait l'être.

L'ouvrier cependant ne manque ni d'intelligence, ni de bon sens. Sous ce rapport Dieu l'a aussi bien doté que l'érudit, le riche et le puissant. Mais comme tous les autres hommes il ne peut apprécier que les choses, dont il peut se rendre compte ; il ne peut juger que les hommes qu'il est réellement à même de connaître.

Pour bien connaître un homme, il faut vivre dans son milieu, le voir journellement à l'œuvre, pénétrer son caractère, ses idées, ses véritables sentiments, ou tout au moins il faut avoir pris des renseignements nombreux sur son compte et les avoir pris à des sources diverses.

Les conditions, dans lesquelles se trouvent l'ouvrier, s'opposent à tout cela. Il ne vit pas dans le milieu des candidats qui sollicitent son suffrage; il ne les a point suivi de près ; il ne sait pas en réalité quels hommes ils sont ; il n'a ni le temps, ni la possibilité de prendre sur leur compte des renseignements suffisants.

En présence d'une impossibilité, résultant de sa condition sociale, des exigences de sa profession, que devrait-il faire pour agir sagement ? Il devrait chercher parmi les hommes, qu'il est à même de bien connaître, un citoyen plus instruit, plus éclairé, plus expérimenté que lui, ayant plus de connaissance du monde et des hommes, plus de loisir qu'il ne peut en avoir, lui inspirant enfin par sa capacité et par son caractère une juste confiance, et, lorsqu'il l'aurait trouvé, suivre ses conseils, voter pour les candidats qu'il lui désignerait.

C'est bien là ce qu'il devrait faire, mais ce n'est pas ce qu'il fait. Il subit la loi commune; comme nous tous il a de l'amour-propre; il veut juger par lui-même, il écoute les journaux qui le flattent, et l'encensent; les beaux discours des candidats qui le courtisent, et sans qu'il s'en doute, il méconnaît souvent ses intérêts et ceux de son pays.

Voilà ce qui se passe, voilà la vérité, voilà le mal, auquel il faut remédier.

Tous les citoyens doivent participer à l'élection des représentants de la nation, et y participer réellement, en sachant parfaitement ce qu'ils font. S'ils se trouvent daus des conditions tels qu'ils ne puissent le savoir, la sincérité de l'élection n'existe pas, l'élection est fictive, et l'on ne peut y avoir grande confiance. De la mauvaise organisation du suffrage universel naissent les candidatures officielles qui pèsent plus ou moins sur l'élection, et dont les graves conséquences sont faciles à apprécier.

Pour que le suffrage universel fût sérieux, réel, intelligent, fécond, il faudrait, à mon sens, l'organiser de la façon suivante :

Tous les Français jouissant de leurs droits civils, devraient être électeurs à 21 ans accomplis, dans le lieu de leur résidence, après un domicile de deux années. Toutefois ils n'éliraient pas directement les représentants de la nation. Ils feraient choix parmi les électeurs de leurs communes respectives d'un nombre déterminé de mandataires, à qui serait confié le soin de choisir et de nommer ces représentants.

Pour conserver à cette élection par délégation toute la force de l'élection directe, il y aurait un mandataire pour un même nombre d'électeurs dans toutes les communes de France.

Au jour indiqué, les mandataires des électeurs de chaque commune se rendraient au chef-lieu de leur arrondissement et procéderaient à l'élection.

Par cette organisation le travailleur des villes et des campagnes ne serait plus exposé à se tromper malgré lui, à faire sans le savoir de mauvais choix. Il serait parfaitement à même de connaître les mandataires qu'il aurait à choisir, et s'il les choississaient mal, il le ferait sciemment. Les mauvais choix seraient rares, car l'ouvrier, comme je l'ai déjà dit, à tout autant d'intelligence et de bon sens, tout autant de conscience et de patriotisme que les citoyens d'un rang plus élevé, et lorsqu'il agirait avec connaissance de cause, il remplirait aussi bien qu'eux ses devoirs de citoyen.

Il est certain, cependant, que si les citoyens, plus heureux, plus instruits, plus indépendants que lui, se posaient comme ses ennemis au lieu de se poser comme ses frères aînés, repoussaient tout ce qui peut lui être utile, ils l'entraîneraient à choisir de mauvais mandataires, mais alors ils en porteraient la responsabilité devant Dieu et devant les hommes, et ils n'auraient plus le droit de se plaindre du suffrage universel.

Sous le nom générique de représentants de la nation, j'ai compris les membres du Corps législatif et les membres du Sénat. L'élection des uns et des autres devrait se faire de la même façon.

Le même mode devrait être employé pour l'élection des conseillers généraux, et des conseillers d'arrondissement. Les conseillers municipaux, seuls, devraient être élus directement par les électeurs de leurs communes.

Il est facile d'en trouver la raison ; c'est que les électeurs d'une commune peuvent tous se bien connaître, s'apprécier à leur juste valeur, choisir par conséquent ceux d'entre eux qui méritent de les représenter, tandis que le plus grand nombre de ces électeurs est dans l'impossibilité de bien connaître les électeurs des autres communes et de distinguer ceux qui méritent leurs suffrages.

J'ajouterai que les communes d'une certaine importance devraient être sectionnées par quartier, afin que l'électeur eût toujours la possibilité de bien connaître ceux qu'il choisirait pour le représenter.

Il ne faudrait pas que l'on pût être nommé mandataire, conseiller municipal et conseiller d'arondissement avant l'âge de 25 ans accomplis ; conseiller général avant 30 ans ; membre du Corps législatif avant 35 ans ; sénateur avant 40 ans ; président de la République avant 50 ans.

Il ne faut pas négliger la garantie de l'âge. Le suffrage universel doit être mis à l'abri de toutes les surprises, même de celles que le talent et le mérite peuvent occasionner, lorsqu'ils ne sont pas accompagnés de la sagesse et de la modération que donne l'expérience.

Les membres du Corps législatif seraient choisis parmi les électeurs des départements qui les éliraient, à moins qu'ils ne fussent nés dans ces départements. Quant aux membres du Sénat, ils pourraient être choisis parmi tous les électeurs de la France.

Pour que tous les citoyens fussent également représentés, le nombre des Sénateurs et des membres du Corps législatif serait calculé pour chaque département d'après un même nombre d'électeurs.

Les décisions du Sénat étant aussi importantes et devant être aussi respectées que celles du Corps législatif, il conviendrait peut-être que le nombre des Sénateurs fût égal à celui des membres du Corps législatif.

Il serait indispensable qu'il y eut un vice-président de la République. Ce magistrat serait nommé, comme le président de la République, par le Sénat et le Corps législatif réunis. Le vice-président de la République remplacerait le président, en cas de mort, de démission, de déchéance, et de mise en accusation; mais dans ce dernier cas il ne le remplacerait que provisoirement, car si le Président était acquitté, il reprendrait à l'instant même tous ses pouvoirs. Le Président, en cas de maladie, ou d'absence, pourrait, s'il le jugeait à propos, lui déléguer ses pouvoirs.


## XVI


Pour éviter tout conflit, les attributions et les droits des grands pouvoirs de l'État devraient être sagement, clairement, parfaitement établis et définis.

Il faudrait avant tout qu'il ne pût y avoir aucune confusion entre le pouvoir exécutif, représenté par le président de la République, et le pouvoir législatif, représenté par les deux Chambres.

Au pouvoir législatif appartiendraient le vote du budget, la modification et l'abrogation des lois existantes, la présentation et la confection des lois nouvelles; au pouvoir exécutif l'administration de l'Etat, et la mise en exécution des lois votées par le pouvoir législatif.

La responsabilité ministérielle, telle qu'elle existe aujourd'hui, devrait être abolie. Cette responsabilité est une source de vaines agitations. Elle excite, elle allume les ambitions; elle pousse aux coalitions immorales et stériles; elle absorbe et paralyse les ministres. C'est lorsque ceux-ci commencent à connaître leurs départements, et peuvent devenir utiles au pays, que l'on force le président de la République à les remplacer. Les ministres devraient être les lieutenants du président de la République, qui ne les remplacerait que s'il le jugeait à propos. Lui seul serait responsable de son administration. Toutefois il devrait choisir ses ministres parmi les membres du Corps législatif, ou les membres du Sénat.

Les ministres, en leur qualité de sénateurs ou de membres du Corps législatif auraient le droit de siéger dans leurs Chambres respectives, de participer aux discussions, aux délibérations de ces Chambres, aux décisions qui y seraien prises, mais ils n'engageraient en rien par leurs paroles, ou par leurs actes le gouvernement du président de la République.

Si le président de la République violait une des lois de l'État, s'il complotait contre la Constitution, il serait mis en accusation par l'Assemblée législative, et jugé par le Sénat.

Il en serait de même pour le vice-président de la République.

Bien que les ministres ne fussent que les lieutenants du président de la République, ils seraient mis aussi en accusation par le Corps législatif et jugés par le Sénat, s'ils avaient violé une des lois de l'Etat, ou participé à sa violation, ou comploté contre la Constitution.

Le Corps législatif et le Sénat auraient le droit de demander au président de la République des explications sur sa gestion, sur tous les services de l'État. Le président de la République leur fournirait ces explications par l'organe de ses ministres.

De son côté le président de la République aurait le droit de soumettre au Corps législatif et au Sénat des observations sur le fonctionnement des lois, sur les inconvénients que ces lois pourraient présenter, en leur laissant le soin d'y porter remède, si telle était leur volonté. Ces observations devraient être faites par voie de message.

Le président de la République ne pourrait ni déclarer la guerre ni faire la paix sans l'autorisation du Sénat. Les traités de commerce seraient négociés par lui, mais ces traités ne deviendraient définitifs et obligatoires que lorsqu'ils auraient été discutés et ratifiés par le Corps législatif.

Au président de la République appartiendrait la nomination de tous les employés de l'État, des magistrats, de tous les officiers de terre et de mer.

Le Corps législatif et le Sénat fixeraient eux-mêmes le jour de l'ouverture et celui de la clôture de leurs sessions. Ils ne pourraient être dissous ni prorogés par le président de la République.

Si le Sénat ou le Corps législatif croyaient leur sécurité compromise, ils pourraient requérir directement, par l'organe de leurs présidents, la force armée nécessaire pour les défendre. Tout chef de corps qui refuserait d'obéir à leurs ordres serait coupable du crime de haute trahison.

Les membres du Corps législatif et du Sénat seraient élus pour cinq années : Il en serait de même pour le président et le vice-président de la République.

Le budget voté par le Corps législatif devrait être soumis à l'approbation du Sénat. Si le Sénat y faisait des changements, ces changements devraient être discutés par le Corps législatif, mais si le Corps législatif ne les adoptait pas, le budget serait maintenu tel que le Corps législatif l'aurait primitivement établi.

L'initiative pour la modification et l'abrogation des lois existantes, et pour la présentation des lois nouvelles appartiendrait aux membres du Corps législatif seuls. Toute abrogation, toute modification de loi, toute loi nouvelle proposée au Corps législatif par un ou plusieurs de ses membres, pourraient être repoussées par lui sans discussion.

Toute loi nouvelle que le Corps législatif déciderait de discuter serait envoyée au conseil d'État, qui l'examinerait en détail et ferait connaître au Corps législatif son avis motivé, dans un laps de temps déterminé. Si ce laps de temps était dépassé; le conseil d'État serait censé avoir donné un avis favorable, et la loi présentée serait discutée par le Corps législatif.

Toutefois, si un ou plusieurs sénateurs voulaient prendre l'initiative pour la présentation d'une loi, ils enverraient cette loi au Corps législatif. Celui-ci en prendrait connaissance, et procéderait comme pour les lois présentées par ses propres membres, sans que dans aucun cas le sénateur ou les sénateurs, qui auraient présenté cette loi, pussent être admis dans son sein pour la discuter.

Toute abrogation de loi votée par le Corps législatif devrait être approuvée par le Sénat. S'il ne l'approuvait pas la loi serait maintenue jusqu'à la prochaine législature.

Toute loi modifiée et toute loi nouvelle votées par le Corps législatif seraient envoyées au Sénat qui les discuterait à son tour.

S'il les rejetait, elles ne pourraient lui être représentées jusqu'à la prochaine législature.

S'il les adoptait en les amendant elles seraient renvoyées au Corps législatif qui les discuterait de nouveau. Si les amendements du Sénat étaient adoptés purement et simplement, elles deviendraient lois de l'État; s'ils étaient repoussés, elles seraient considérées comme ayant été rejetées par le Sénat, et ne pourraient lui être représentées jusqu'à la prochaine législature.

Pour qu'il en fût autrement, il faudrait que le Sénat, après une année, revînt sur ses décisions, et qu'il demandât au Corps législatif de lui représenter ces mêmes lois. Le corps législatif déciderait si la demande du Sénat devrait être acceptée ou repoussée, Le Sénat aurait naturellement le même droit pour les lois qu'il aurait rejetées.

Enfin, il me semble qu'à l'avenir les places de conseiller d'État devraient être données au concours. Le jury, chargé de décider du mérite des candidats, pourrait être composé de deux professeurs de l'École de droit de Paris, d'un professeur de théologie de la Sorbonne, d'un professeur de l'Ecole des chartes, de deux sénateurs, de deux membres du Corps législatif, de deux conseillers d'État. Le ministre de la justice, président de droit de ce jury, pourrait se faire remplacer lorsqu'il ne siégerait pas. Chaque membre serait choisi par le corps auquel il appartiendrait.

Un pareil jury présenterait toutes les garanties possibles de capacité et d'impartialité, et ses décisions ne pourraient qu'être ratifiées par l'opinion publique. — Comme pour être nommé membre du Corps législatif, il faudrait avoir trente-cinq ans accomplis pour être nommé conseiller d'État.

Au conseil d'État, ainsi recruté et rajeuni, serait confié la vérification des pouvoirs des Sénateurs et des membres du Corps législatif. On éviterait par là les discussions interminables, passionnées, souvent partiales, auxquelles se livrent le Sénat, et le Corps législatif, chaque fois que se font de nouvelles élections. Ces deux grands corps de l'État y gagneraient en considération et en dignité.


Telles sont à mon sens les bases principales de la nouvelle organisation, que l'on devrait donner au suffrage universel, et aux grands pouvoirs de l'État.

Toute maison mal organisée, toute maison divisée contre elle-même, ne peut prospérer, tout royaume divisé contre lui-même sera ruiné ! Vérité triste et profonde ! Comment veut-on que la France prospère, lorsque les classes inférieures et les classes supérieures de la société sont en hostilité constante ; lorsque les unes et les autres nomment des représentants, qui se regardent comme des ennemis irréconciliables, et ne pensent qu'à s'entre-détruire ; lorsque les grands pouvoirs de l'État sont toujours sur le point d'avoir un conflit, que le gouvernement chancelle, et que la nation mécontente, effrayée, se voit forcée d'interrompre ses travaux, d'arrêter sa marche, de carguer les voiles, comme un nautonier à l'approche de la tempête ? Ah ! c'est là un état de choses funeste, qu'il faut changer ! mais tout se tient, tout se lie ! Pour le changer, il

concilier, et pour les réconcilier il faut réaliser les nombreuses
faut ramener la concorde parmi les citoyens, il faut les ré-
et grandes réformes que j'ai énumérées dans le cours de
cet écrit.

## XVII

Et maintenant je le dis sans détour : les plus utiles, les
plus fécondes de ces réformes ne peuvent être accomplies que
par les enfants du Christ, ou par ceux qui prennent le Christ
pour suprême législateur.

Eux seuls ont un point d'appui assez fort pour pouvoir
sans péril modifier aussi profondément l'édifice social.

Sans le Christ, qui représente la sagesse et la lumière, la
conservation et le progrès, ces fécondes et indispensables
réformes ayant un caractère socialiste, devraient être repoussées.

Logiquement il n'y a que deux socialismes possibles : le
socialisme chrétien, et le socialisme athée.

Pourquoi? parce que le socialisme en réalité va plus loin
que la loi naturelle, et qu'il ne peut par conséquent y trouver sa sanction. Il ne la trouve que dans le christianisme,
qui va plus loin dans le bien que la loi naturelle, dans
l'athéisme qui va plus loin dans le mal ; quant au déisme,
qui ne possède que la loi naturelle, il ne peut servir de
fondement au socialisme, et logiquement il ne doit pas l'admettre.

Le socialisme chrétien, comme je l'ai démontré, n'est que
l'application des préceptes du Christ dans l'ordre civil et politique, dans l'ordre social. C'est la fraternité civile et politique, la fraternité sociale.

Le socialisme athée n'est pas autre chose que le communisme, car il y aboutit logiquement et fatalement. Si Dieu

n'existe pas, si l'homme n'a pas d'autre vie que la vie présente, il est évident que tous les hommes ont un droit égal à tous les biens de ce monde, que par conséquent tous ces biens doivent être mis en commun, et que tous les hommes doivent en jouir dans la même proportion; il est évident encore qu'il faut détruire toutes les entraves, pouvant gêner les jouissances et les désirs des hommes; il est évident enfin que les hommes ne doivent avoir pour barrières et pour frein que leurs satisfactions, et leurs intérêts personnels.

D'où il suit que les socialistes athées, ou autrement dit les communistes, ont raison de vouloir la destruction de la propriété, de la famille et de toute religion, la communauté des biens, l'abolition du mariage, l'émancipation licencieuse de la femme, le droit à la paresse, à l'ivrognerie et à la débauche, la répartition du travail et des emplois imposée par la communauté, le complet asservissement des individualités au profit des masses, mille choses encore, aussi folles que monstrueuses, mais rationnelles, lorsqu'on est assez dégradé pour nier Dieu, et nier l'immortalité de l'âme.

Si les socialistes athées ne mettent pas à nu tout ce programme, c'est qu'ils craignent sans doute de se compromettre, et qu'ils ne veulent pas effrayer les faibles, les timides, les nombreux ouvriers qu'ils désirent attirer à eux. Comment pourrait-il en être autrement? La logique est inflexible, et ce programme est forcément leur suprême objectif.

Si le Christ n'était pas venu dans le monde, il n'y aurait qu'un seul socialisme, le socialisme athée, et comme le socialisme athée conduit fatalement au communisme, il y aurait folie insigne à lui ouvrir la plus petite porte; il faudrait s'en tenir rigoureusement à la loi naturelle, repousser impitoyablement tout ce qui pourrait la dépasser, repousser par conséquent les réformes, dont je viens de parler.

J'ajouterai que si le socialisme chrétien n'existait pas, et que l'on fût emporté sans espoir par des masses socialistes et athées, l'on ferait bien de tout tenter pour leur résister,

pour ne point tomber avec elles dans l'abîme, oui ! dans l'a-
bîme, car du jour où ces masses s'empareraient du pouvoir,
la ruine, la misère, et la mort fondraient sur la nation. A
leur approche la richesse, la vie publique s'évanouiraient
soudain. L'argent ne circulerait plus dans le corps social; il
se cacherait, ou s'enfuirait à l'étranger ; il disparaîtrait comme
par enchantement, et nulle force humaine ne le ferait reparaître. Bientôt on ne verrait plus que des champs arides,
des maisons abandonnées, des villes désertes. L'épreuve
serait immense pour toutes les classes de la société, mais ce
sont ces masses populaires, sans ressources, sans frein, et
sans Dieu, qui souffriraient le plus. Tout le capital roulant
ayant disparu, elles ne trouveraient plus de travail pour vivre.
Poussées par la convoitise et par la misère, elles commet-
traient des excès sans nombre, qui rendraient plus profond
le gouffre, où elles seraient tombées. Les propriétés, les
maisons, les palais, dont elles s'empareraient, ou plutôt dont
leurs chefs s'empareraient au nom de la communauté, ne
leur donneraient pas le pain du jour. Pour suffire aux besoins de ces masses et mettre en pratique leurs principes
insensés, leurs chefs les diviseraient par groupes, par bri-
gades. Ils distribueraient à tous les citoyens des rôles dans
la communauté, leur enleveraient toute liberté sous le couvert d'une égalité trompeuse, et les forceraient à travailler
comme de vils esclaves. Jamais joug plus lourd, plus odieux
et plus avilissant n'aurait pesé sur les hommes. A la fin que
résulterait-il de ce manque de vie sociale, de cette misère,
de cette compression, de ces odieuses spoliations? Une explosion épouvantable, une horrible guerre civile, dont on ne
peut calculer au juste la durée, ni les conséquences. Je ne cherche pas du reste à sonder cet abîme : j'y vois trop de boue
et trop de sang !

## XVII

Ouvriers, travailleurs sans nombre, voyez-vous où vous mènent les prêtres du néant, à quels dangers ils vous exposent? Ne comprenez-vous pas que pour ne point tomber dans vos mains, on pourrait tenter bien des choses contre vous, vous surprendre, vous asservir peut-être, anéantir pour longtemps vos légitimes espérances, ce qui serait pour vous un immense malheur, mais un malheur moins grand encore que votre triomphe par les armes, ou votre triomphe légal, puisque la mise en pratique de vos doctrines vous conduirait fatalement à la plus épouvantable des tyrannies, au plus inévitable des cataclysmes. Si vous ne vous séparez pas des socialistes athées, qui vous dirigent, croyez-moi, vous courez à une perte certaine, vous vous suicidez!

Je sais bien que ces hommes font brûler devant vous un encens, qui vous enivre; je sais bien que par leurs discours fallacieux ils égarent votre raison, troublent votre bon sens; qu'ils vous disent sans cesse que Dieu n'existe pas, que l'homme ne relève que de lui-même, qu'il doit suivre ses instincts, satisfaire ses désirs, qu'il n'a d'autres devoirs que ceux qu'il se donne à lui-même, je le sais, je le sais, mais tout cela ne vous justifie pas! Les œuvres de Dieu sont visibles pour l'ignorant comme pour le savant, pour le riche comme pour le pauvre. Ceux qui ne veulent pas les voir sont les seuls qui ne les voient pas. Regardez donc! au-dessus de votre tête ne voyez-vous pas la coupole d'azur du pavillon de Dieu? Ne voyez-vous pas son coursier flamboyant, ce beau soleil, qui parcourt l'espace pour vous verser la lumière, la chaleur et la vie? La nuit ne voyez-vous pas son temple éternel, cette étincelante basilique, où il a suspendu une lampe mystérieuse et divine? Près de vous ne voyez-vous pas les suaves et brillantes fleurs, qu'il a semées sur le sol où vous marchez, les arbres verdoyants, qui par son ordre vous présentent leurs fruits savoureux, les doux petits oiseaux qui vous charment par leur ramage, ces ardents coursiers, qui bondissent à votre voix et vous obéissent comme des esclaves, ces chiens fidèles, qui vous accompagnent, et qui vous défendent? Enfin ne vous voyez-vous pas vous-mêmes? Est-il possible que vous, qui êtes artisans, vous qui êtes ouvriers, vous ne compreniez pas que ces œuvres, si admirables, si variées, si harmoniques, ne se sont pas faites toutes seules, que celui qui les a produites, doit être un ouvrier, infiniment intelligent, infiniment habile, infiniment puissant, et que cet ouvrier c'est Dieu! Si vous ne le comprenez pas, c'est que vous ne voulez pas le comprendre. Voilà votre responsabilité envers ce grand Dieu, que vous méconnaissez, voilà votre culpabilité!

Ecoutez-moi, quelques instants encore! Si je regarde en arrière, si je remonte jusqu'à l'origine du monde, si je considère toutes les générations, qui nous ont précédés, tous les peuples qui ont vécu sur cette terre, je vois que le règne de l'impiété, de la fange et du crime n'a jamais pu subsister. Les chefs de nation, les rois, les empereurs et les peuples souverains, quand ils ont été tyranniques, criminels et impies, ont été balayés comme des feuilles mortes et il n'est resté de visible que quelques-uns de leurs ossuaires.

Mais, en regardant dans le passé, je vois bien autre chose. Je vois que lorsque le Christ parut sur la terre, le mal régnait partout. La force brutale, le glaive et les supplices gouvernaient le monde. L'homme n'était compté pour rien, et sans remords on l'exterminait. Que se passait-il chez les Assyriens, les Phéniciens, les Égyptiens, les Grecs, les Romains des vieux âges, chez tous ceux qui se sont élevés le plus haut, qui ont été les plus grands dans le monde ancien? Partout tyrannie des faux prêtres, tyrannie des rois, et tyrannie des peuples! Partout et toujours des sacrifices sanglants, des bûchers, des tortures, d'immenses proscriptions ! Partout l'esclavage hideux, l'asservissement du faible par le fort; partout les raffinements de la cruauté et de la luxure ! En vain quelques sages découvraient et répandaient la lumière éternelle au milieu de ces ténèbres. On ne les écoutait pas et on les suppliciait. Partout et toujours on marchait dans le sang et dans la boue!

Écoutez-moi toujours, je vous en prie, et réfléchissez ! Ce qui sepassait autrefois, sepasse aujourd'hui dans tous les pays, où la parole du Christ n'a pas été reçue. Toujours on y marche dans le sang et dans la boue. Que font les peuples sauvages, existant à cette heure dans le monde ? Ils tuent et tuent toujours. Le sang humain les inonde, et plusieurs mangent avec délices les cadavres des hommes qu'ils ont assassinés. Les Indiens brûlent leurs femmes, les Africains les enterrent vivantes, les Chinois jettent leurs enfants aux pourceaux, les mahométans mettent le joug de la brute sur le front de leurs frères. Et cependant les mahométans ne sont pas des païens; ils croient au Dieu éternel et tout-puissant, mais ils ne croient pas au Dieu vivant, au Christ, et sa divine charité ne les a pas vivifiés.

J'entends d'ici vos chefs qui me disent : Vous oubliez les massacres de la Saint-Barthélemy, et les bûchers de l'Inquisition. Non ! je ne les oublie pas, et voici ma réponse : ceux qui assassinent et qui brûlent leurs frères, foulent aux pieds tous les préceptes du Christ, sont indignes de porter le nom de chrétien. Puisse Dieu leur pardonner, mais que leurs noms, comme ceux de tous les grands criminels, soient à jamais maudits parmi les hommes. Ces grands attentats, et d'autres encore, commis par les princes et par les rois, en des temps où les mœurs étaient rudes et grossières, n'ont qu'un caractère partiel et accidentel dans l'histoire de l'humanité. Ils ne retranchent rien des progrès immenses, des changements bienfaisants que le christianisme a opérés dans le monde, dans la société, et par conséquent n'infirment rien de tout ce que j'ai avancé!

Ce qui m'épouvante, et me confond c'est que vous, ouvriers, vous, pauvres, vous osiez renier le Christ! Ceux-mêmes d'entre vous, qui ne sont pas chrétiens, devraient le bénir, car enfin qu'étiez-vous avant qu'il ne fût venu? Du bétail, un vil bétail, dont on se nourrissait! Qui vous a fait les égaux des riches, des nobles, des puissants, des plus hauts potentats? qui vous a tiré des griffes de fer qui vous déchiraient, du charnier, où vous pourrissiez? C'est le Christ! C'est le Christ, qui s'est fait travailleur comme vous, faible et déshérité comme vous! C'est le Christ, qui a mis les derniers avant les premiers, parce qu'ils étaient plus humbles et moins heureux! C'est le Christ, qui a déclaré que vous étiez les enfants de Dieu comme les puissants et les rois, et que les plus grands devant lui n'étaient pas les plus haut placés parmi les hommes, mais que c'était les plus purs, les plus doux, les plus vertueux, les plus saints!

Seriez-vous devenus fous? Voulez-vous voir reparaître les faux prêtres, les satrapes, les proconsuls, et les tyrans? voulez-vous être encore des troupeaux d'esclaves, conduits par des commandeurs féroces? voulez-vous reforger vos éternelles chaînes? Eh bien! alors, continuez à renier le Christ!

Croyez-vous que la race des proconsuls, des tyrans et des grandes courtisanes soit éteinte! Croyez-vous qu'il n'y ait plus de Néron, ni de Sardanapale, plus de Sylla, plus d'Antoine, plus de Messaline ni de Cléopâtre? Leur sang coule toujours dans les veines de l'humanité. Parmi ceux qui vous mènent il y en peut-être qui valent moins que ces hommes odieux ou terribles, que ces femmes impures. Ces païens, et ces païennes adoraient les dieux licencieux et farouches, mais ils avaient aussi des divinités vertueuses. Vos chefs n'adorent aucun Dieu, et leurs passions ne sont contenues par aucun frein. S'ils devenaient vos maîtres savez-vous ce qu'ils feraient? Ils ne le savent pas eux-mêmes, car avec des passions sans frein ils ne peuvent savoir où ils s'arrêteraient. La race humaine n'a pas changé depuis le commencement des temps. Elle a les mêmes passions, les mêmes vices, les mêmes égarements, quand elle est livrée à elle-même. Le Christ seul l'a domptée, et transformée.

Allez! on vous mettrait encore le pied sur la tête! on vous chargerait comme des bêtes de somme; on rirait de vous, et du fond de leur alcôve parfumée les concubines de vos maîtres vous enverraient comme autrefois à la mort!

Repoussez cet avenir fatal et sombre! abandonnez vos théories insensées, vos rêves impies, reconnaissez Dieu et le Christ!

Ah! si vous étiez chrétiens, si vous réclamiez au nom du Christ le perfectionnement de l'édifice social, les grandes réformes, que j'ai indiquées et dont vous devez comprendre l'importance, on ne pourrait vous résister. Sous l'égide du Christ vous seriez invincibles! Pourrait-on craindre comme aujourd'hui d'ébranler, en vous écoutant, les fondements de la société? Que pourrait-on vous opposer de juste, de sérieux? Rien! absolument rien! Les résistances égoïstes seraient mises au jour. Par la force des choses vous seriez victorieux, et en triomphant vous sauveriez la société tout entière, vous sauveriez la France. — Réfléchissez!

## XIX

Et vous riches et puissants, vous les heureux de ce monde, ne traitez pas légèrement les questions politiques et sociales, que j'ai soulevées. La situation est grave, très-grave, plus grave que vous ne le croyez peut-être. Vous vous obstinez à vouloir rétablir la monarchie; les classes populaires n'en veulent pas, parce qu'elles comprennent, non sans raison, que cette forme de gouvernement est moins favorable à leurs intérêts que la forme républicaine ; par cette conduite vous les éloignez de plus en plus de vous, et vous les poussez en quelque sorte dans les bras de vos ennemis, des ennemis de Dieu et de la société. A cette heure cependant il faut que vous comptiez avec ces masses populaires, car elles ont pour elles le droit légal et la force du nombre. Si vos représentants à la Chambre, au lieu de faire la guerre à la République, au lieu de vouloir souder la religion à la monarchie, s'étaient occupés efficacement de leurs besoins, de leurs souffrances, elles n'auraient point perdu leur foi religieuse, et ne vous seraient pas hostiles. Les socialistes athées n'ont pas fait comme vous. Pour s'emparer de l'esprit et du cœur des ouvriers, ils se sont fait leurs défenseurs, les défenseurs de leurs intérêts matériels. Tous les hommes tiennent essentiellement à leurs intérêts matériels, et plus ils sont pauvres, plus ils souffrent, plus ils y tiennent, ce qui est fort naturel du reste. Le meilleur moyen, le moyen presque infaillible d'obtenir la confiance des hommes est donc de s'occuper de ces intérêts, de les favoriser, de chercher à les satisfaire. C'est ce que les socialistes athées ont bien compris, et ce que vous auriez dû comprendre vous-même.

Parce que l'on est puissant et riche, que l'on a tout à souhait sur cette terre, il ne faut pas croire qu'il en soit de même pour tous les autres hommes, et que tout soit pour le mieux dans le meilleur des mondes possibles. Vous auriez dû être les premiers à proposer, à soutenir toutes les réformes politiques et sociales, pouvant améliorer, garantir, assurer le sort des classes ouvrières, le sort de tous ceux de vos frères qui ne sont pas heureux. Je crois avoir démontré que ces réformes ne manquaient pas! Ce que vous n'avez point fait, il faut le faire. Pour ramener à la raison, au bon sens, dans le droit chemin, les masses populaires, il faut que vous donniez satisfaction pleine et entière à leurs légitimes aspirations. Si vous ne le faites pas, jamais vous n'arracherez ces masses prévenues et matérialisées des mains de ceux qui les dirigent et les conduisent à l'abîme. — A l'heure présente la république et le socialisme s'imposent à la nation et à vous. C'est à vous, c'est à elle de choisi entre la bonne et la mauvaise république, entre le bon et le mauvais socialisme, entre le socialisme chrétien, qui est un progrès humanitaire, et le socialisme athée, qui est la mort.

Il me semble que le choix ne devrait pas être douteux; n'oubliez pas que les socialistes athées sont les barbares de la civilisation et que s'ils s'emparaient de la France, ils y laisseraient des traces plus profondes et plus terribles de leur passage que celles qu'y laissèrent les anciens barbares. Ah ! je sais bien que la nation entière ne périrait pas ! après cet effroyable cataclysme, après cette révolution sociale, dont on ne peut préciser la durée, une société nouvelle se formerait, mais il pourrait arriver qu'avant cette reconstitution la génération actuelle eût disparu de la terre. Que de maux, que de malheurs, que de ruines pour éviter d'inévitables changements ! Comme il arrive toujours après les grandes révolutions, la société nouvelle ne serait plus en tout pareille à la société précédente. Les solutions extrêmes en auraient été écartées, mais les solutions justes et sages y auraient été introduites. Ces solutions sont celles que fournit le seul socialisme possible, le socialisme chrétien, qui aurait pu vous sauver si vous l'aviez accepté.

Je n'ai point l'orgueil de croire que je suis infaillible. Si quelques-unes de mes appréciations sont erronées, si j'ai donné des solutions mauvaises ou incomplètes, qu'on me montre mes insuffisances et mes erreurs. Je les reconnaîtrai sans honte et sans faiblesse. Je ne suis pas fanatique de mes propres pensées, car je sais que tout homme peut se tromper. Je ne suis pas non plus un niveleur. Je ne demande pas que tout soit changé d'un coup de baguette, comme on change une décoration de théâtre. Je ne demande qu'une chose, c'est que l'on entre franchement et résolûment dans la voie que j'indique, car c'est la seule voie de salut, qui reste à la France.

L'on dira peut-être : quel est cet homme, qui vient toucher aux assises du gouvernement et de l'ordre social actuel, ajouter des discordes à tant d'autres discordes, qui ose donner des leçons à la France entière ?

Qu'importe qui je suis ; que je sois un homme connu, ou inconnu ? La vérité est par elle-même. Elle ne dépend pas de ceux qui la proclament.

Je suis un grain de sable qui porte son grain de sable à l'œuvre éternelle de Dieu.

Je suis un son, une voix qui passe. Cette voix s'évanouira-t-elle comme tant d'autres voix ? aura-t-elle quelque retentissement ?

Je l'ignore, c'est le secret de Dieu ! Je suis mon chemin sans m'embarrasser de ce qu'il adviendra.

Il en sera ce que Dieu voudra.